ZWILLINGE HOROSKOP 2024

Alina A. Rubi

Angeline Rubi

Wer sind die Zwillinge?

Termine: 21. Mai - 21. Juni

Tag: Mittwoch

Farbe: Blau

Element: Luft

Kompatibilität: Waage, Widder und Wassermann

Symbol: ♊

Modus: Veränderlich

Polarität: Männlich

Herrschender Planet: Merkur

Haus: 3

Metall: Quecksilber

Quarz: Kristall, Beryll und Topas.

Sternbild: Zwillinge

Zwillinge Persönlichkeit

Zwillinge haben eine große Anpassungsfähigkeit und Vielseitigkeit, sie sind intellektuell, wortgewandt, zärtlich und intelligent. Sie haben viel Energie und Vitalität, sie lieben es, zu sprechen, zu lesen, mehrere Dinge gleichzeitig zu tun.

Dies ist ein Zeichen, das die ungewöhnliche und Neuheit genießt, je mehr Vielfalt in ihrem Leben, desto besser. Sein Charakter ist dual und komplex, manchmal widersprüchlich. Auf der einen Seite, er ist vielseitig, aber auf der anderen Seite, kann er unehrlich sein.

Die Zwillinge sind das Zeichen der Zwillinge und als solche haben sie einen dualen Charakter und eine duale Wesensart. Sie sind widersprüchlich und ändern leicht ihre Meinung oder Stimmung.

Zwillinge sind sehr aktiv und müssen immer beschäftigt sein, sie lieben Multitasking und probieren neue Herausforderungen aus.

Sie haben die Fröhlichkeit, Phantasie, Kreativität und Unruhe von Kindern. Manche beginnen neue Aktivitäten und Herausforderungen mit Enthusiasmus, aber oft fehlt ihnen die Beständigkeit, sie zu Ende zu bringen. Aus ihrer Sicht ist das Leben ein Spiel und sie suchen nach Spaß und neuen Erfahrungen. Die Zwillinge sind das kindlichste Sternzeichen des Tierkreises.

Ihre gute Laune und ihre Kommunikationsfähigkeit verschwinden, wenn sie mit einem Problem konfrontiert werden, denn sie neigen dazu, sich im schlimmsten Fall entmutigen zu lassen und überlassen es anderen, Lösungen zu finden.

Zwillinge sind sehr intelligent, sie fragen alles. Das macht sie zu Meistern der Debatte. Sie gehören zu den Zeichen mit dem höchsten IQ.

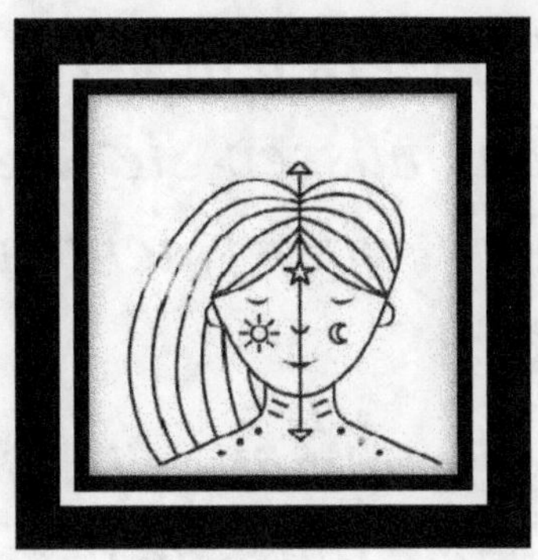

Allgemeines Horoskop für Zwillinge

Dies wird ein hervorragendes Jahr für die Zwillinge. Jupiter, der Planet des Glücks und der Chancen, zieht am 25. Mai in Ihr Zeichen ein, und das geschieht nur alle 12 Jahre.

Während dieses Jupiter-Transits werden sich in deinem Leben viele Möglichkeiten auftun und du wirst dich optimistischer fühlen. Dies ist ein neuer Anfang, ein neuer Weg, eine neue Reise.

Das Jahr 2024 wird Ihnen wunderbares Glück bringen, Sie werden inspiriert sein, etwas Neues zu tun oder etwas zu vollenden, was Sie schon seit vielen Jahren tun wollten.

Das Glück und Ihre Bemühungen werden Ihren Namen in Ihrem Berufsfeld etablieren, und Sie werden sich eine neue Identität im Geschäftsleben schaffen. Außerdem werden Sie in der Lage sein, ein altes Geschäft oder Projekt abzuschließen, das im letzten Jahr ins Stocken geraten ist.

Sie werden viel Geld verdienen, aber um es zu bekommen, müssen Sie übereilte Entscheidungen und den Wunsch, über Nacht ein Imperium aufzubauen, vermeiden.

Wenn Sie berufstätig sind, werden Sie härter arbeiten als im letzten Jahr, aber das wird Ihnen neue Möglichkeiten und sogar Angebote in neuen Unternehmen bringen. Im Allgemeinen sorgt Jupiter dafür, dass Sie die besten Chancen bekommen.

Nach dem Monat Juli sollten Sie sich konzentrieren, da Saturn rückläufig ist und Ihnen einige herausfordernde und angespannte Situationen bescheren kann. Während dieser Zeit müssen Sie mit Vorsicht vorgehen und sorgfältig planen, um Fehler zu vermeiden.

Im Jahr 2024 werden Sie die meiste Zeit über sehr glücklich und zufrieden mit Ihrem Partner sein. Nach der zweiten Jahreshälfte wird es einige Konflikte und Missverständnisse in Ihrer Beziehung geben, und es wird auch eine Zeit sein, in der sich die Heiratsaussichten nicht verwirklichen lassen.

Geben Sie Ihrem Partner den Vorrang, Sie müssen sich anstrengen.

Wenn Sie alleinstehend sind, werden Sie jemanden kennenlernen, die Möglichkeiten sind nach dem Mai größer. Vielleicht lernen Sie Ihren zukünftigen Partner auf einer Reise kennen. Sie werden mit der Zeit ein

Band knüpfen, das sich zu einer tiefen Freundschaft entwickelt und schließlich zu einer gefühlvollen Beziehung wird.

Zwei Finsternisse werden in Ihrem Liebesbereich stattfinden, eine Mondfinsternis am 25. März und eine Sonnenfinsternis am 2. Oktober. Durch die Mondfinsternis werden Sie sich geliebten Menschen, zu denen Sie eine gesunde Verbindung haben, näher fühlen, und Sie werden sich von allen entfernen, die giftig sind. Dies kann die perfekte Zeit sein, um anstehende Liebesangelegenheiten zu bearbeiten.

Die Sonnenfinsternis kann eine neue Liebe in Ihr Leben bringen. Wenn Sie Single sind, werden Sie motiviert sein, auszugehen und die Aufmerksamkeit auf sich zu ziehen, während Sie, wenn Sie in einer Beziehung sind, Funken der Leidenschaft hinzufügen werden.

Ihre finanzielle Gesundheit wird sich 2024 verbessern und Sie werden von neuen Einkommensquellen profitieren. Vielleicht erhalten Sie zusätzliches Einkommen aus Provisionen, der Börse, Bankzinsen oder wer weiß, ob Sie im Lotto gewinnen.

Wenn Sie davon geträumt haben, ein Haus oder ein neues Auto zu kaufen, wird das in diesem Jahr in Erfüllung gehen, und wenn Sie einen Kredit brauchen, werden Sie ihn leicht bekommen. Wenn Sie beruflich hart arbeiten, wird Ihr Bankkonto wachsen.

Vielleicht ziehen Sie um oder renovieren Ihr Haus, und diese Veränderung kann zu Rückschlägen in der Familie führen. Sie müssen Geduld haben, um diese Probleme zu überwinden, damit das Glück in Ihr Familienleben zurückkehren kann.

Sie werden das ganze Jahr über bei guter Gesundheit bleiben, aber in der Mitte des Jahres kann es zu kleineren Problemen kommen, da Sie sich aufgrund von Stress deprimiert und müde fühlen. Dies kann sich in Verdauungsproblemen aufgrund von Appetitlosigkeit und Unruhe aufgrund von Rückschlägen äußern.

Liebe

Dieses Jahr kann emotionale Höhen und Tiefen mit sich bringen. Denken Sie daran, dass es normal ist, eine Vielzahl von Gefühlen zu erleben und von Zeit zu Zeit Stimmungsschwankungen zu haben. Um mit Ihren Emotionen fertig zu werden, ist es wichtig, dass Sie gesunde Wege zur Bewältigung finden, z. B. indem Sie mit einem vertrauten Freund oder Familienmitglied sprechen, Entspannungstechniken wie Meditation praktizieren oder bei Bedarf die Unterstützung eines Psychotherapeuten in Anspruch nehmen. Sie sollten auf sich selbst aufpassen und bei Bedarf Unterstützung suchen.

Dieses Jahr ist hervorragend für Zwillinge, die eine Beziehung eingehen wollen. Wenn Sie darüber nachgedacht haben, sich zu verloben, ist dies das perfekte Jahr, um dies zu tun. Sie werden in diesem Jahr Fortschritte in Ihrem Liebesleben machen.

Obwohl Sie in diesem Jahr sehr romantisch und träumerisch sind und dazu neigen, die Person, die Sie lieben, zu idealisieren, müssen Sie vorsichtig sein, denn Ihre Fantasien stimmen vielleicht nicht ganz mit der Realität überein, und das wird in Zukunft zu Enttäuschungen führen.

Versuchen Sie, kohärent und realistisch zu sein und den anderen so zu akzeptieren, wie er oder sie ist. Die Liebe wird in diesem Jahr eher platonisch sein.

Auf jeden Fall wird dieses Jahr sehr günstig für das Zusammenleben und für alle Arten von Vereinigungen sein.

Wirtschaft

Dieses Jahr wird für Sie im wirtschaftlichen Bereich großartig sein. Sie werden Ihr Ziel erreichen, den Arbeitsplatz zu wechseln, und dieser Neuanfang wird Ihnen viele Möglichkeiten bieten.

Ihr Mut wird von anderen bewundert werden, aber es ist wichtig, dass Sie Ihre Kämpfe weise wählen, da das Eintreten für das, woran Sie glauben, manchmal negative Folgen haben kann.

Die Planeten werden Ihnen in Geldangelegenheiten grünes Licht geben. Merkur, dein herrschender Planet, wird dich voll unterstützen und dafür sorgen, dass deine Bankkonten voller Geld sind.

Im Mai tritt Jupiter in Ihr Zeichen ein, was sich positiv auf Ihre Finanzen, Ihre Karriere und Ihre Beziehungen auswirken wird.

Ihre finanziellen Mittel werden wachsen, und es wird ein gutes Jahr für langfristige Investitionen.

Natürlich geht das alles nicht ohne Anstrengung, Sie müssen arbeiten, diszipliniert sein und sich im Laufe des Jahres weiter anstrengen.

*Jupiter begünstigt das Knüpfen neuer Verbindungen
mit wichtigen Menschen und die Stärkung Ihrer
sozialen Bindungen.*

Zwillinge Gesundheit

Sie müssen sich bewusst darum bemühen, Ihrer körperlichen Gesundheit Vorrang einzuräumen, und daran denken, dass eine gute Gesundheit eine Schlüsselkomponente für den Erfolg in allen Bereichen Ihres Lebens ist. Sie sollten planen, zusätzliches Gewicht zu verlieren und regelmäßig Sport zu treiben, vor allem im Freien.

Die Art und Weise, wie Sie sich ernähren, ist wichtig. Achten Sie also auf Ihre Ernährung, indem Sie mehr Eiweiß und weniger Kohlenhydrate zu sich nehmen, um Gewichtszunahme und Verdauungsprobleme zu vermeiden.

Einige Zwillinge werden sich wahrscheinlich müde fühlen, da ihr Immunsystem schwach ist. Sie werden Phasen mit niedrigem Energieniveau haben, aber das wird sich bessern, und sie werden ihre Vitalität zurückgewinnen.

Wenn Sie chronische Gesundheitsprobleme wie Diabetes oder Bluthochdruck haben, sollten Sie das ganze Jahr über vorsichtig sein. Vergessen Sie nicht, dass Wellness zu Hause beginnt. Wir ermutigen Sie, ungesunde Lebensmittel aus Ihrer Küche zu streichen und sich mit Bio-Lebensmitteln einzudecken. Dies ist ein guter Zeitpunkt, um damit zu beginnen, Ihre Mahlzeiten zu Hause zuzubereiten, anstatt verarbeitete Lebensmittel zu kaufen. Wenn Sie anfangen, sich auf diese Weise zu ernähren, werden Sie sich immer wohler fühlen.

Familie

Sie werden sich emotional mehr auf diejenigen einlassen, die Sie als Familie betrachten. Sie möchten, dass Ihr Zuhause ein Zufluchtsort ist, ein sicherer Ort, und Sie werden sich bemühen, Probleme auf gesunde Weise zu beseitigen.

Während der rückläufigen Merkurphasen in Ihrem Haus können einige Haushaltsgeräte kaputt gehen oder Sie haben Probleme mit dem Wasser. Das kann nicht nur ärgerlich sein, sondern auch zu Streitigkeiten in der Familie führen, und höchstwahrscheinlich werden Sie die Schuld dafür tragen. Seien Sie geduldig, denn diese Geräte müssen höchstwahrscheinlich routinemäßig gewartet werden.

Viele Ihrer engen Familienmitglieder werden Sie in diesem Jahr häufig um Rat fragen, und Sie werden sich dadurch unentbehrlich fühlen.

In Ihrer Familie werden sich einige gefühlsmäßige Veränderungen vollziehen. Vielleicht stellen Ihnen Ihre Kinder oder Geschwister ihre neuen Partner vor, und das wird Ihrer Familie eine neue Dynamik verleihen. Das werden positive Veränderungen sein.

Sie werden wieder Kontakt zu Menschen aufnehmen, von denen Sie sich distanziert hatten, Sie werden ihnen eine zweite Chance geben und Sie werden erkennen, dass nicht alles so ist, wie es scheint.

Wichtige Termine

- **20. Mai - Sonne tritt in Zwillinge ein.**

- **23. Mai - Venus tritt in Zwillinge ein.**

- **Am 25. Mai tritt der Planet Jupiter in dein Zeichen ein.** *Es beginnt eine Periode von viel Aktion, von neuen Perspektiven, von Zielen, die erfüllt werden können.*

- **03. Juni - Merkur tritt in Zwillinge ein.**

- **6. Juni Neumond in deinem Zeichen. Es bieten sich** *mehr Gelegenheiten für dich, die du unbedingt nutzen solltest.*

- **Am 20. Juli tritt der Planet Mars bis zum 4. September in dein Zeichen ein.** *Mars in deinem Zeichen wird dich mit Energie und Enthusiasmus erfüllen, so dass du alle deine Ziele und Vorhaben erreichen kannst. Es ist eine perfekte Zeit für Neuanfänge.*

- **15. Dezember Vollmond in deinem Zeichen.** *Dies wird die Zeit sein, in der du die Ergebnisse*

von allem, was du bis jetzt getan hast, erhalten
wirst.

Zwillinge Monatliche Horoskope 2024

Januar 2024

In diesem Monat ist es ratsam, dass Sie Ihre Wut und Ihr Ego unter Kontrolle halten und zweimal nachdenken, bevor Sie etwas zu jemandem sagen.

Sie sollten sich beraten lassen, bevor Sie wichtige Entscheidungen über Investitionen treffen. Vermeiden Sie es, Reisen zu planen oder Ausgaben für teure Dinge zu tätigen. Dies ist eine günstige Zeit, um sich mit rechtlichen Angelegenheiten zu befassen.

Sie werden alle beruflichen Hindernisse überwinden, aber es ist wichtig, dass Sie Entscheidungen treffen, nachdem Sie sich von Experten beraten lassen haben. Ihre Bemühungen werden Sie zu einer günstigen Position an Ihrem Arbeitsplatz führen, und Sie haben vielleicht die Möglichkeit, mit attraktiven Angeboten von erfolgreichen Unternehmen den Arbeitsplatz zu wechseln.

Bei Streitigkeiten und Missverständnissen müssen Sie sehr vorsichtig sein, denn Ihr Ego kann zu Problemen in Ihren Beziehungen führen.

Wenn Sie Single sind, werden Sie einen besonderen Menschen kennenlernen.

Achten Sie auf regelmäßige Vorsorgeuntersuchungen, vermeiden Sie Junkfood und fettige Lebensmittel.

Am Ende des Monats werden Sie sich sehr anstrengen müssen, was auch immer Sie tun, aber Sie werden die Ergebnisse erhalten, die Ihren Erwartungen entsprechen.

Harte Arbeit wird belohnt werden, und Sie werden genug Geld verdienen, um schwierige Zeiten zu überstehen. Das Familienleben wird gut sein. Es wird Harmonie zwischen allen Familienmitgliedern herrschen.

Glückszahlen

13 - 15 - 17 - 20 - 28

In diesem Monat werden Sie viel Stress haben, denn es werden sich viele Verpflichtungen anhäufen und Sie werden in eine Aufregung verwickelt sein, in der Sie nichts genießen können.

Es ist wichtig, dass Sie sich nicht in geistig anspruchsvolle Projekte verwickeln lassen und einige Wochenenden einplanen, an denen Sie mit Freunden und der Natur in Kontakt sein können.

Sie sollten auch einige Zeit allein verbringen, damit Sie den Kopf frei bekommen und Ihre Prioritäten ordnen können.

Wenn Sie sich zu jemandem besonderen hingezogen fühlen, ist dies der ideale Monat, um den ersten Schritt zu tun, denn Sie wirken auf den potenziellen Partner sehr verführerisch und eloquent. Es besteht das Potenzial für eine stabile Beziehung.

Seien Sie vorsichtig mit Ihrer Gesundheit, vielleicht haben Sie Ende letzten Jahres zu viel gegessen, und jetzt machen sich die Folgen Ihrer Nachlässigkeit bemerkbar. Stressige Situationen in Ihrem Familienkreis könnten auch dazu führen, dass Ihre Gesundheit schwächelt.

Wenn Sie verheiratet sind oder in einer festen Beziehung leben, kann es zu einer Trennung kommen, weil Ihr Partner eine lange Reise antreten muss.

Glückszahlen

4 - 18 - 25 - 35 - 36

März 2024

In diesem Monat werden Sie sich auf die Planung und das Treffen wichtiger Entscheidungen konzentrieren, da Sie sehr klare Prioritäten haben. Versuchen Sie, sich auf Ihre Ziele zu konzentrieren und zu planen, wie Sie sie erreichen wollen. Geduld wird zu Ihrem Dreh- und Angelpunkt.

Obwohl es scheint, dass Sie alles klar haben und dass nichts Sie stört, können Sie in diesem Monat Zustände der Depression erleben, seien Sie sehr vorsichtig. Sie müssen erkennen, dass es nicht notwendig ist, schnell zu leben, noch ist es notwendig, sich ausschließlich der Arbeit zu widmen. Die Abende in diesem Monat sind ideal, um Bücher zu lesen oder Filme in Gesellschaft von Freunden oder dem Partner zu sehen.

Versuchen Sie, Ihr soziales Leben zu erhöhen und neue Leute zu treffen, um neue Freundschaftsbande zu knüpfen, müssen Sie die Einsamkeit überwinden. Das Schicksal wird Ihnen Menschen vor die Nase setzen, die eine wichtige Rolle in Ihrer Zukunft spielen werden. Wahrscheinlich werden Sie wichtige berufliche Beziehungen knüpfen, und wahrscheinlich werden Sie tiefe emotionale Bindungen eingehen. Wenn Sie alleinstehend sind, werden Sie wahrscheinlich eine Beziehung eingehen, die in der Zukunft als Ehe formalisiert wird.

Rechnen Sie mit Problemen, wenn Sie älter sind. Dies ist nicht der richtige Zeitpunkt, um Reparaturen in Ihrem Haus vorzunehmen.

Glückszahlen
10 - 18 - 25 - 34 - 35

April 2024

In diesem Monat werden Sie aus Ihrer Blase herauskommen und dank Ihres Humors unter anderen Menschen glänzen.

Sie werden schnelle Reaktionen haben, die nicht nur Ihre Arbeitskollegen, sondern auch Ihre Chefs verblüffen werden.

Neue Kontakte zu knüpfen, wird für Sie kein Problem sein, und Sie werden viele Geschäftsreisen unternehmen.

Wenn Sie körperliche Übungen machen, werden Sie anfällig für Muskelprobleme sein.

Obwohl Sport dazu dient, Sie vom Wirbelwind der Gedanken an Ihre Arbeit zu entspannen und Sie mit neuer Energie aufzuladen.

Wenn Sie darüber nachgedacht haben, ein neues Hobby anzufangen, ist die Energie dieses Monats gut für jede kreative Tätigkeit, sei es Malen, Schreiben oder Musikmachen.

Sie werden auch in Ihrem Studium erfolgreich sein, daher wäre es eine gute Idee, einen Kurs zu belegen, der mit Ihrem Beruf oder dem technischen Bereich zu tun hat.

*Ihre wirtschaftlichen Wunden beginnen zu heilen,
denn Jupiter nähert sich Ihrem Zeichen, halten Sie
Disziplin und Mäßigung.*

Glückszahlen
5 - 10 - 11 - 22 - 26

Mai 2024

In diesem Monat werden Sie das Bedürfnis verspüren, mit Ihren engen Freunden in Kontakt zu sein. Sie sehnen sich nach einer Umarmung, nach der Nähe und der Geborgenheit derer, die Sie lieben. Denken Sie daran, Ihr Selbstwertgefühl zu stärken.

Der Mai ist ein Monat voller Emotionen dank des Transits von Jupiter durch Ihr Zeichen. Dank dieses Einflusses wird Ihre Fähigkeit, Geld zu produzieren, zunehmen, aber es ist ratsam, den Rhythmus Ihres Lebens auszugleichen und sich auszuruhen, damit Sie die Gelegenheiten mit Ruhe nutzen können.

Dies ist der ideale Zeitpunkt, um eine Bestandsaufnahme Ihrer Stärken und Schwächen vorzunehmen. Auch wenn Sie Expansions- und Diversifizierungspläne haben, denken Sie daran, dass Sie nur dann vorankommen können, wenn Sie wissen, wo Sie stehen und was Sie haben.

Es ist wichtig, seinen Körper zu genießen, um ein gesundes Gleichgewicht zu haben. Deshalb sollten Sie, sobald die Sonne aufgeht und bevor Sie Ihren Verpflichtungen nachkommen, versuchen, mit

Objekten in Kontakt zu kommen, die alle Ihre Sinne verführen.

Verbessern Sie Ihre Atemwege, indem Sie ätherische Öle unter Ihr Kopfkissen legen, Zugluft vermeiden und nicht barfuß laufen.

Glückszahlen
5 - 7 - 8 - 19 - 27

Juni 2024

In diesem Monat werden Ihre Kochkünste hervorgehoben, und Sie beginnen, mit verschiedenen Rezepten für gesunde Ernährung zu experimentieren.

Bevor Sie sich auf einen Streit einlassen, sollten Sie überlegen, ob es das wert ist. Worte haben die Kraft zu heilen, aber sie können auch verletzen. Vielleicht bereuen Sie Ihre arroganten Äußerungen in Zukunft.

Wenn Sie keinen Partner haben, fragen Sie sich vielleicht, ob Sie der Anfrage einer Person in sozialen Netzwerken zustimmen sollten. Sie sollten es tun, denn diese Person wird etwas ganz Besonderes in Ihrem Leben sein, und es wird eine Liebesgeschichte bedeuten.

Vermeiden Sie es, nachts wach zu bleiben, denn Schlafmangel ist schädlich. Organisieren Sie Ihren Zeitplan besser, damit die notwendige Schlafzeit nicht beeinträchtigt wird.

Wenn Sie einen Partner haben, haben Sie vielleicht verbotene Liebschaften oder geheime Beziehungen, die Ihr Wohlbefinden erschweren werden. Verkomplizieren Sie sich nicht mit Beziehungen, die nicht Ihrem wahren Ideal entsprechen.

Wenn Sie Ihr eigenes Unternehmen gründen wollen, ist das Monatsende ideal für Finanzierungsmöglichkeiten.

Enthüllungen in der Liebe, es ist sehr gut möglich, dass Sie etwas herausfinden, was Ihr Partner Ihnen gesagt hatte.

Glückszahlen
6 - 7 - 12 - 17 - 25

Juli 2024

Ein Monat voller Liebe und Segen. Du wirst vor guter Laune und großartigen Ideen nur so strotzen. Wenn Sie keinen Partner haben, lassen Sie Ihre Intuition in diesem Monat eine große Rolle in Ihrem Handeln spielen.

Nutzen Sie auch die Vorteile und gehen Sie auf die Suche nach neuem Wissen, z. B. durch Lesen, Hören von Selbsthilfe-Audios, in denen Sie Meditationstechniken lernen, die Ihnen in allen Bereichen Ihres Lebens helfen werden.

Auch die familiären Beziehungen werden aufblühen, und Sie werden sogar mit Ihrer am weitesten entfernten Familie kommunizieren. Sie werden erstaunt sein, wie viel Spaß Sie mit ihnen haben werden.

Es ist wahrscheinlich, dass Sie bei der Arbeit von Klatsch und Tratsch erfahren werden, in den Sie verwickelt sind, aber das ist kein Grund, die Türen zu persönlichen Beziehungen am Arbeitsplatz zu schließen. Sie müssen nur sehr vorsichtig sein, wenn Sie Ihr Privatleben preisgeben.

*Sie müssen auch lernen, sich in Taubheit zu üben und
ein taubes Ohr für die Gespräche voller Negativität
und Hass zu haben, die darauf bestehen, Ihre
Bemühungen zu unterschätzen.*

Glückszahlen
4 - 11 - 12 - 20 - 28

August 2024

In diesem Monat werden Sie Zeit mit Ihren Kindern und Ihrer Familie im Allgemeinen verbringen wollen. Vielleicht fahren Sie gemeinsam in den Urlaub an einen tropischen Ort. Alle werden sehr fröhlich sein, und Sie werden eine Menge Spaß haben. Wenn Sie keine Kinder haben, dann nutzen Sie diese Stimmung aus und teilen Sie sie mit den Kindern Ihrer Freunde, die Ihnen zweifellos dafür danken werden.

Wenn Sie und Ihr Partner planen, Kinder zu bekommen, ist dieser Monat ideal. In dieser Phase werden Sie kontaktfreudig sein und die Liebe zu Tieren wird geboren. Es ist wahrscheinlich, dass Sie sich entschließen, ins Tierheim zu gehen und ein Haustier zu adoptieren.

Am Arbeitsplatz herrscht eine starke Atmosphäre der Spannung und Unsicherheit, die Sie an den Rand eines emotionalen Umbruchs bringen kann. Wenn Sie bei der Arbeit unglücklich sind, sollten Sie sich nach einem besseren Arbeitsplatz umsehen. Denken Sie daran, dass Ihre geistige Gesundheit wertvoll ist.

Verzweifeln Sie nicht, denn Sie haben schon schlimmere Situationen überstanden.

Eine gute Übung für Ihren Geist ist es, zu meditieren. Du musst tief in dich gehen, um den Frieden zu finden, den du verloren glaubst, der aber in deinem Herzen verborgen ist. Alles, was du brauchst, ist schon immer in dir gewesen.

Glückszahlen
3 - 7 - 17 - 22 - 25

In diesem Monat werden Sie sich danach sehnen, allein und in Ruhe zu sein, weil Sie sich auf sich selbst konzentrieren wollen. Du hast viele ungelöste Fragen, die beantwortet werden müssen, und diese Zeit ist perfekt dafür.

Die Natur ist sehr wichtig, also bleiben Sie nicht zu Hause. Dank dessen wirst du dich einer ausgezeichneten geistigen und körperlichen Gesundheit erfreuen können, aber vergiss nicht, dass der Rat von Menschen, die dich lieben, dich aus jeder Krise herausführen kann.

Es gibt dringende Dinge, die kurzfristig gelöst werden müssen, aber es fällt Ihnen schwer, ihnen die richtige Lösung zu geben. Konzentrieren Sie sich auf die Lösung all dieser Probleme, damit Sie in Ihrem Leben weiter vorankommen können. Das Schlimmste ist, wenn etwas ungelöst bleibt.

Wenn ein bekannter Geschäftsmann Sie aufsucht, um Ihnen ein Angebot für ein Geschäft zu machen, sollten Sie gut aufpassen, denn das ist eine sehr gute Gelegenheit.

Versuchen Sie, die Sorgen und den Stress der Arbeit nicht in alle Bereiche Ihres Lebens zu tragen, denn das könnte Sie aus dem Gleichgewicht bringen.

Am Ende des Monats wird Ihre Erkältung Anlass zu Gerede geben und böse Kommentare um Sie herum hervorrufen.

Glückszahlen
2 - 10 - 19 - 25 - 36

***Oktober 2024**

Im Oktober wollen Sie die Atmosphäre in Ihrem Haus verändern und freuen sich darauf, es zu renovieren. Zuerst werden Sie eine Tiefenreinigung durchführen, die Sie schon lange geplant haben.

In Ihrer Beziehung werden Sie sich in einer Situation wiederfinden, die Sie sehr eifersüchtig macht, Sie werden sich bedroht fühlen und anfangen zu kämpfen. Diese Reaktion ist jedoch sehr schädlich, also analysieren Sie die Situation gut, so dass Sie bei klarem Verstand vermeiden können, aus einem Impuls heraus zu handeln.

Außerdem werden die Dinge nicht so ernst sein, wie sie scheinen. Ihre Gesundheit könnte etwas geschwächt sein, wenn Sie Ihre Ruhezeiten und die Art und Weise, wie Sie sich ernähren, nicht einhalten.

Bei der Arbeit werden Sie einige Enttäuschungen erleben, weil Sie dachten, Sie könnten Ihren Arbeitskollegen vertrauen, aber eine bestimmte Situation wird Ihnen zeigen, wie falsch Sie lagen. Ihre Art zu sein und Ihr Wissen haben den Neid Ihrer Mitmenschen geweckt, und so werden sie versuchen, Sie zu betrügen.

*Es ist gut zu wissen, mit wem Sie zusammenarbeiten.
Fangen Sie keinen Streit an. Nehmen Sie sich die Zeit,
in aller Ruhe eine gute Strategie zu planen, um sich zu
rechtfertigen.*

Glückszahlen
1 - 9 - 11 - 17 - 26

Du wirst in diesem Monat etwas introvertiert sein, und aus diesem Grund werden dich deine Freunde zur Seite schieben. Du wirst dich auf viele Dinge konzentrieren, die deine Prioritäten sind.

Dein sechster Sinn wird geschärft, und das wird dir helfen, die dunklen Absichten der Menschen zu erkennen und Täuschungen zu vermeiden.

Ein emotionales Problem mit jemandem in Ihrer Familie könnte dazu führen, dass Sie weglaufen und verschwinden wollen. Kämpfen Sie nicht gegen Ihre Impulse an.

Das ist wahrscheinlich genau das, was Sie brauchen, um einen klaren Kopf zu bekommen und mit diesem Familienmitglied umgehen zu können.

Eine besondere Person wird Ihre Aufmerksamkeit erregen, eine Person, die für Sie immer ein Geheimnis war.

Ihr müsst euch selbst die Möglichkeit geben, dass sich dieses Mysterium manifestiert, geht nicht hin und greift ein. Vergessen Sie nicht, dass der Prozess immer viel wichtiger ist als das Ergebnis. Du musst deiner Intuition vertrauen, denn du wirst ein äußerst romantisches Abenteuer erleben.

Wenn Sie gerne schwimmen, laufen oder Yoga machen, warum dann nicht alles? Sie haben viel Energie und es ist gut, sie zu kanalisieren.

Glückszahlen

10 - 11 - 23 - 26 - 35

Dezember 2024

Der letzte Monat des Jahres, ein Monat, in dem Sie verrückt vor Liebe werden und glücklich über so viele Segnungen, die Sie erhalten werden. Sie werden eine Person treffen, die Ihre Hormone revolutionieren wird, und diejenigen, die einen Partner haben, sollten sehr vorsichtig sein, weil sie versucht sein werden, untreu zu sein.

Du fragst dich vielleicht, ob du in deiner jetzigen Beziehung glücklich bist, du musst diese Frage beantworten.

In Ihrem Arbeits- und Privatleben wird viel los sein, also lernen Sie, zur Ruhe zu kommen. Eine Möglichkeit, dies zu tun, ist, zu schreiben, Übungen zu machen oder zu lernen.

Ihr Führungspotenzial wird hervorgehoben und wird sich auf alle Bereiche Ihres Lebens ausdehnen, weshalb Sie Ihr Temperament kontrollieren müssen.

Wenn Sie etwas zu Ende bringen müssen, dass Sie vor ein paar Monaten begonnen haben, sollten Sie damit beginnen, es zu Ende zu bringen, egal ob es sich um ein Projekt oder ein Problem handelt, das Sie lösen müssen.

*Planen Sie alles, was Sie im nächsten Jahr 2025
vorhaben, und vor allem: Geben Sie einer Person, die
Sie verletzt hat, keine Gelegenheit zur Rückkehr.*

Glückszahlen
5 - 12 - 22 - 25 - 27

Die Tarotkarten, eine rätselhafte und psychologische Welt.

Das Wort Tarot bedeutet "Königsweg", es ist eine jahrtausendealte Praxis, es ist nicht genau bekannt, wer das Kartenspiel im Allgemeinen und das Tarot im Besonderen erfunden hat; es gibt die unterschiedlichsten Hypothesen in diesem Sinne.

Einige sagen, dass sie in Atlantis oder Ägypten entstanden sind, andere wiederum glauben, dass die Tarots aus China oder Indien, aus dem alten Land der Zigeuner oder durch die Katharer nach Europa gekommen sind. Tatsache ist, dass Tarotkarten astrologische, alchemistische, esoterische und religiöse Symbolik destillieren, sowohl christliche als auch heidnische.

Wenn man bis vor kurzem das Wort "Tarot" erwähnte, stellten sich manche Leute einen Zigeuner vor, der in einem von Mystik umgebenen Raum vor einer Kristallkugel sitzt, oder sie dachten an schwarze Magie oder Hexerei, aber das hat sich heute geändert.

Diese uralte Technik hat sich der neuen Zeit angepasst, sie hat sich mit der Technologie verbunden, und viele junge Menschen interessieren sich sehr dafür.

Junge Menschen haben sich von der Religion abgekapselt, weil sie glauben, dass sie dort nicht die Lösung für ihre Bedürfnisse finden, sie haben die Dualität der Religion erkannt, etwas, das bei der Spiritualität nicht der Fall ist. Überall in den sozialen Netzwerken findet man Konten, die dem Studium und den Tarot-Lesungen gewidmet sind, da alles, was mit Esoterik zu tun hat, in Mode ist, in der Tat werden einige hierarchische Entscheidungen unter Berücksichtigung des Tarots oder der Astrologie getroffen.

Bemerkenswert ist, dass die Vorhersagen, die normalerweise mit dem Tarot zu tun haben, nicht die gefragtesten sind, sondern die, die mit Selbsterkenntnis und spiritueller Beratung zu tun haben, am meisten nachgefragt werden.

Das Tarot ist ein Orakel, durch seine Zeichnungen und Farben, stimulieren wir unsere psychische Sphäre, den innersten Teil, der über das Natürliche hinausgeht. Viele Menschen wenden sich an das Tarot als spirituelle oder psychologische

Führer, weil wir in unsicheren Zeiten leben, und dies drängt uns, Antworten in der Spiritualität zu suchen.

Es ist ein so mächtiges Werkzeug, das Ihnen konkret sagt, was in Ihrem Unterbewusstsein vor sich geht, so dass Sie es durch die Linse einer neuen Weisheit wahrnehmen können.

Carl Gustav Jung, der berühmte Psychologe, verwendete die Symbole der Tarotkarten in seinen psychologischen Studien. Er schuf die Theorie der Archetypen, in der er eine umfangreiche Summe von Bildern entdeckte, die in der analytischen Psychologie helfen.

Die Verwendung von Zeichnungen und Symbolen, die an ein tieferes Verständnis appellieren, wird in der Psychoanalyse häufig eingesetzt. Diese Allegorien sind ein Teil von uns und entsprechen den Symbolen unseres Unterbewusstseins und unseres Geistes.

Unser Unbewusstes hat dunkle Bereiche, und wenn wir visuelle Techniken verwenden, können wir verschiedene Teile davon erreichen und Elemente unserer Persönlichkeit enthüllen, die wir nicht kennen. Wenn Sie diese Botschaften durch die bildhafte Sprache des Tarots entschlüsseln können, können Sie wählen, welche Entscheidungen Sie im Leben treffen, um das Schicksal zu erschaffen, das Sie wirklich wollen.

*Das Tarot mit seinen Symbolen lehrt uns, dass
ein anderes Universum existiert, vor allem in der
heutigen Zeit, in der alles so chaotisch ist und für alles
eine logische Erklärung gesucht wird.*

Neue Anfänge. Aufbrüche und Veränderungen. Du wirst ein neues Leben mit einem anderen Stil beginnen.

Die Traurigkeit liegt hinter uns, die glücklichen und friedlichen Tage beginnen nun im Jahr 2024.

Es steht für die Veränderung eines Glaubensmusters, eines Lebensstils. Er symbolisiert das Ende eines Zyklus oder eine Veränderung durch Schmerz.

Es symbolisiert alles, was endet und zwingt uns, auf eine andere Ebene der Existenz zu bewegen. Diese Karte ermöglicht es, die gegenwärtigen Elemente zu einem erhabeneren Zustand zu ändern.

Möglicherweise stellen Sie fest, dass Ihre Möglichkeiten bei jedem Schritt eingeschränkt werden. Die beste Vorgehensweise liegt in der einen Sache, die Sie kontrollieren können: Stellen Sie sich der Situation mit Geduld und seien Sie bereit, sich zu bewegen, wenn sich die Lage ändert.

Vermeiden Sie Stress und negative Gefühle, wann immer sie auftreten.

Sie sollten Situationen gelassener angehen, manchmal ist es besser, den Kopf unten zu halten und zu schweigen, um unnötige Konflikte über unwichtige Dinge zu vermeiden.

Runen des Jahres 2024

Runen sind eine Reihe von Symbolen, die ein Alphabet bilden. "Rune" bedeutet Geheimnis und symbolisiert das Geräusch, wenn ein Stein auf einen anderen trifft. Runen sind eine legendäre visionäre und magische Methode.

Runen dienen nicht für genaue Vorhersagen, aber sie dienen dazu, Sie über ein zukünftiges Ereignis, ein Problem oder eine Entscheidung zu führen. Runen haben eine bestimmte Bedeutung für die Person, die es will, sondern auch einige Nachricht im Zusammenhang mit den Widrigkeiten, die im Leben entstehen.

SOWELU, Zwillinge Rune 2024

Es ist an der Zeit, gewisse Geheimnisse deines Lebens zu lüften. Diese Rune zwingt dich dazu, Dinge zuzugeben, die du bisher verbergen wolltest.

Dieses Jahr 2024 ist das Jahr, in dem Sie handeln, sich erneuern und transformieren müssen, damit Sie im Überfluss leben können. Um dies zu erreichen, ist es wichtig, dass du offen für Möglichkeiten bist und alles aus verschiedenen Perspektiven analysierst.

Es ist ratsam, sich von allen Situationen und Menschen zu entfernen, die Ihnen Stress bereiten. Du musst aufhören, stolz zu sein, Demut ist wichtig, wenn du mit Grenzen konfrontiert wirst. Seien Sie nicht eingebildet, auch wenn Sie tugendhaft sind.

Diese Rune macht die Dinge leichter für dich, weil sie den Weg erhellt. Sie hilft dir, zu denken und eine klare Karte zu zeichnen, der du folgen kannst, um deine Ziele zu erreichen.

*Wenn Ihre Pläne oder Projekte ins Stocken
geraten sind, ist es an der Zeit, dafür zu kämpfen, dass
sie vorankommen. Sowelu gibt dir den Anstoß und
sagt dir, dass es Zeit ist, zu handeln. Sowelu rät dir,
dir über deine Absichten klar zu werden.*

*Diese Rune steht für das Feuer, das unseren Weg
und die Entscheidungen, die wir treffen, erhellt.*

Glückliche Farben

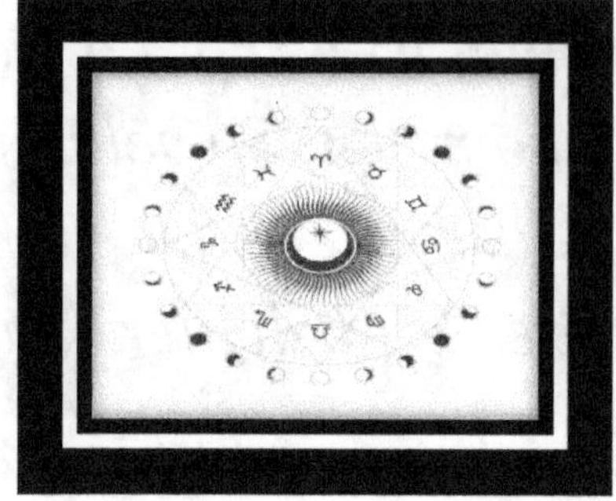

Farben haben eine psychologische Wirkung auf uns; sie beeinflussen unsere Wertschätzung von Dingen, unsere Meinung über etwas oder jemanden und können dazu dienen, unsere Entscheidungen zu beeinflussen.

Die Traditionen zur Begrüßung des neuen Jahres variieren von Land zu Land, und in der Nacht zum 31. Dezember ziehen wir Bilanz über all die positiven und negativen Dinge, die wir im zu Ende gehenden Jahr erlebt haben. Wir beginnen zu überlegen, was wir tun können, um unser Glück im neuen Jahr zu verbessern.

Es gibt mehrere Möglichkeiten, positive Energien zu uns zu ziehen, wenn wir das neue Jahr empfangen, und eine davon ist, Accessoires in einer bestimmten Farbe zu tragen, die das anzieht, was wir uns für den Beginn des Jahres wünschen.

Farben haben energetische Ladungen, die unser Leben beeinflussen, daher ist es immer ratsam, das Jahr in einer Farbe zu beginnen, die die Energien dessen anzieht, was wir erreichen wollen.

Dafür gibt es Farben, die mit jedem Sternzeichen positiv schwingen. Die Empfehlung ist also, dass Sie die Kleidung mit dem Farbton tragen, der Sie im Jahr 2024 Wohlstand, Gesundheit und Liebe anziehen lässt. (Diese Farben können auch während des restlichen Jahres für wichtige Anlässe oder zur Verschönerung Ihrer Tage verwendet werden).

Denken Sie daran, dass es zwar üblich ist, rote Unterwäsche für die Leidenschaft, rosa für die Liebe und gelb oder Gold für den Reichtum zu tragen, dass es aber nie zu viel ist, die Farbe in unsere Kleidung aufzunehmen, die unserem Sternzeichen am meisten entspricht.

Zwillinge

Gelb.

Gelbe Schlüsselwörter: *Glück, Freude, Intelligenz, Innovation, Energie, Stärke und Kraft.*

Gelb wird Sie glücklich machen, denn es ist eine helle, fröhliche Farbe, die Luxus und die Freude am täglichen Leben symbolisiert.

Es wird mit dem intellektuellen Teil des Geistes und dem Ausdruck unserer Gedanken in Verbindung gebracht.

Wenn Sie diese Farbe verwenden, erhalten Sie einen zusätzlichen Hauch von Energie, Wärme und ein jugendliches Aussehen. Diese warme Farbe wird die Aufmerksamkeit aller Personen in Ihrer Nähe auf sich ziehen und die Räume, in denen Sie sich aufhalten, mit Energie füllen.

Gelb fördert die Konzentration und das Gedächtnis.

Glücksbringer

Wer besitzt nicht einen Glücksring, eine Kette, die nie abfällt, oder einen Gegenstand, den er für nichts auf der Welt hergeben würde? Wir alle schreiben bestimmten Gegenständen, die uns gehören, eine besondere Kraft zu, und dieser besondere Charakter, den sie für uns annehmen, macht sie zu magischen Gegenständen. Damit ein Talisman wirken und die Umstände beeinflussen kann, muss sein Träger Vertrauen in ihn haben, und das verwandelt ihn in einen wunderbaren Gegenstand, der alles erfüllen kann, was von ihm verlangt wird.

Im alltäglichen Sinn ist ein Amulett ein Gegenstand, der das Gute besänftigt, um Böses, Unheil, Krankheiten und Hexerei zu verhindern.

Amulette für Glück können Ihnen helfen, ein Jahr 2024 voller Segen in Ihrem Zuhause, bei der Arbeit, mit Ihrer Familie zu haben, Geld und

Gesundheit anzuziehen. Damit die Amulette richtig funktionieren, sollten Sie sie nicht an andere verleihen und immer zur Hand haben.

Amulette gab es in allen Kulturen und sie werden aus Elementen der Natur hergestellt, die als Katalysatoren für Energien dienen, die dazu beitragen, menschliche Wünsche zu erfüllen.

Dem Amulett wird die Macht zugesprochen, Übel, Zauber, Krankheiten und Katastrophen abzuwehren oder bösen Wünschen entgegenzuwirken, die durch die Augen anderer hervorgerufen werden.

Amulett für Zwillinge

Erzengel Michael.

Der Erzengel Michael ist der berühmteste der Erzengel. Er wird am häufigsten angerufen und ist derjenige, den die meisten Menschen um Hilfe bitten. All das liegt daran, dass er ein spiritueller Krieger ist.

Sie sollten ein Bild von St. Michael verwenden, um seinen Segen anzurufen und um Ihnen Kraft und Schutz vor bösen Mächten zu gewähren.

Dieser Erzengel wird dir auch helfen, deine Lebensaufgabe zu finden. Wenn du ihn anrufst, wenn du Hilfe brauchst, wird er dir den Mut und die Entschlossenheit geben, die du brauchst. Wenn du ihn in Zeiten der Not anrufst, hilft er dir, deine Ruhe wiederzufinden.

Wenn Sie ihn anrufen, wird er eingreifen und für Sie kämpfen, damit Sie die Negativität loswerden können.

Glücksquarz

Wir alle fühlen uns zu Diamanten, Rubinen, Smaragden und Saphiren, also zu Edelsteinen, hingezogen. Halbedelsteine wie Karneol, Tigerauge, weißer Quarz und Lapislazuli werden ebenfalls sehr geschätzt, da sie schon seit Tausenden von Jahren als Schmuck und Machtsymbol verwendet werden.

Was viele nicht wissen, ist, dass sie nicht nur wegen ihrer Schönheit geschätzt wurden: Jede von ihnen hatte eine heilige Bedeutung, und ihre heilende Wirkung war ebenso wichtig wie ihr dekorativer Wert.

Die meisten Menschen kennen die bekanntesten Kristalle wie Amethyst, Malachit und Obsidian, aber heutzutage sind auch neue Kristalle wie Lari mär, Petalit und Phenakit bekannt geworden.

Ein Kristall ist ein fester Körper mit einer geometrisch regelmäßigen Form, Kristalle entstanden bei der Entstehung der Erde und haben sich im Laufe der Veränderungen auf dem Planeten immer weiter gewandelt, Kristalle sind die DNA der Erde, sie sind Miniaturspeicher, die die Entwicklung unseres Planeten über Millionen von Jahren enthalten.

Einige wurden enormem Druck ausgesetzt, andere wuchsen in tief unter der Erde vergrabenen Kammern heran, wieder andere tröpfelten ins Leben. Unabhängig von ihrer Form kann ihre kristalline

Struktur Energie absorbieren, bewahren, bündeln und ausstrahlen. Das Herzstück des Kristalls ist das Atom, seine Elektronen und Protonen. Das Atom ist dynamisch und besteht aus einer Reihe von Teilchen, die sich in ständiger Bewegung um das Zentrum drehen, so dass der Kristall, auch wenn er unbeweglich erscheint, eine lebendige Molekülmasse ist, die mit einer bestimmten Frequenz schwingt, was dem Kristall seine Energie verleiht.

Edelsteine waren früher ein königliches und priesterliches Vorrecht. Die Priester des Judentums trugen eine mit Edelsteinen besetzte Plakette auf der Brust, die weit mehr als ein Emblem zur Kennzeichnung ihrer Funktion war, denn sie übertrug Macht auf den Träger.

Seit der Steinzeit haben die Menschen Steine getragen, da sie eine Schutzfunktion hatten und ihre Träger vor verschiedenen Übeln bewahrten. Die heutigen Kristalle haben dieselbe Kraft, und wir können unseren Schmuck nicht nur nach ihrer äußeren Attraktivität auswählen. Sie in unserer Nähe zu haben, kann unsere Energie steigern (orangefarbener Karneol), den Raum um uns herum reinigen (Bernstein) oder Reichtum anziehen (Citrin).

Bestimmte Kristalle wie Rauchquarz und schwarzer Turmalin können Negativität absorbieren und eine reine und saubere Energie ausstrahlen.

Wenn Sie einen schwarzen Turmalin um den Hals tragen, schützt er Sie vor elektromagnetischen Ausstrahlungen, auch von Mobiltelefonen. Ein Citrin zieht nicht nur Reichtum an, sondern hilft Ihnen auch, ihn zu behalten, stellen Sie ihn in den Reichtumsteil Ihrer Wohnung (die hintere linke Ecke, die am weitesten von der Eingangstür entfernt ist). Wenn Sie auf der Suche nach Liebe sind, können Kristalle Ihnen helfen. Stellen Sie einen Rosenquarz in die Beziehungsecke Ihrer Wohnung (die hintere rechte Ecke, die am weitesten von der Eingangstür entfernt ist), seine Wirkung ist so stark, dass Sie vielleicht einen Amethyst hinzufügen möchten, um die Anziehung auszugleichen.

Du kannst auch Rhodochrosit verwenden, die Liebe wird deinen Weg finden.

Einige Kristalle enthalten Mineralien, die für ihre therapeutischen Eigenschaften bekannt sind. Malachit hat eine hohe Konzentration an Kupfer, und das Tragen eines Malachit-Armbandes ermöglicht es dem Körper, minimale Mengen an Kupfer aufzunehmen.

Lapislazuli lindert Migräne, aber wenn die Kopfschmerzen durch Stress verursacht werden, lindern Amethyst, Bernstein oder Türkis oberhalb der Augenbrauen die Schmerzen.

Quarze und Mineralien sind Juwelen von Mutter Erde. Geben Sie sich die Gelegenheit und verbinden Sie sich mit der Magie, die sie ausstrahlen.

Glücksquarz für Zwillinge

Weißer Quarz oder Bergkristall.

Ein Energieempfänger par excellence und Verstärker von positiven Schwingungen auf allen Ebenen. Er hilft bei der geistigen Konzentration und verstärkt oder verstärkt die anderen Quarze. Er ist der am häufigsten therapeutisch verwendete.

Er symbolisiert Glück und wird manchmal zu Ehren einer Geburt oder als Friedensangebot nach dem Tod verwendet. Seine Hauptfunktion ist es, durch Mobilisierung oder Deaktivierung von Energien Gleichgewicht und Frieden zu schaffen.

Es hilft Ihnen, schlechten Momenten, negativen Gedanken wie Schuldgefühlen oder emotionalen Problemen zu widerstehen. Er schützt auch vor Ängsten und Befürchtungen. Seine heilenden Eigenschaften verbessern die Wahrnehmung und steigern die geistige Beweglichkeit. Er hilft, sich schneller zu erinnern und zu lernen, da er das Wissen und die Fähigkeit des Zuhörens verbessert.

Mit diesem Kristall wirst du geduldig werden.

Zwillinge und Sternzeichen Kompatibilität

Die Zwillinge sind ein Luftzeichen, das ohne Probleme unter Freunden, auf Partys und beim Ausgehen zurechtkommen kann. Zwillinge werden von Merkur, dem Planeten der Kommunikation, regiert, so dass Sie immer interessante Gesprächsthemen finden können.

Der Zwilling ist ein ausgezeichneter Anekdotenerzähler, und seine dynamische Energie und Anziehungskraft ziehen romantische Partner an. Eifersüchtige Menschen sollten wissen, dass Zwillinge nie allein sind, da sie immer Fans und Anhänger haben. Da Zwillinge ihre Emotionen nach außen hin ausdrücken, lieben sie es, sich zu unterhalten. Dieser Selbstausdruck ist für den Merkur-Zwilling von größter Bedeutung, daher müssen alle Kommunikationswege offen sein und er muss bereit sein, Informationen für seinen Zwilling zu empfangen.

Es ist ihm egal, wie er seine Ideen vermittelt, die Handlung, mit der er seine Gedanken teilt, ist wichtiger als das, was er sagt. Es gibt nichts, was der Zwilling mehr verachtet als Muße; er ist immer beschäftigt. Er ist immer auf dem Sprung mit seinen vielen Unterhaltungen, Neigungen und sozialen Verpflichtungen.
Dieses Luftzeichen mag sich darüber beschweren, dass es überarbeitet ist, aber wenn man seinen Tagesplan analysiert, sind alle Besorgungen freiwillig, was zeigt, dass der Zeitplan der Zwillinge

nichts anderes als das Ergebnis ihrer einzigartigen Dualität ist.

Zwillinge lieben es, ihre Gedanken und Ideen mitzuteilen, aber sie sind keine guten Zuhörer und lassen sich leicht ablenken, deshalb ist es wichtig, dass Sie dafür sorgen, dass Ihr Zwillinge-Partner Ihnen Aufmerksamkeit schenkt.

Wenn Sie zufällig sehen, dass er aus dem Gespräch geht, zögern Sie nicht, ihm zu sagen, und ihn daran erinnern, dass die Kommunikation zwischen zwei ist. Es ist nicht leicht, das Interesse der Zwillinge aufrechtzuerhalten, denn sie wissen nicht, wie sie sich konzentrieren sollen. Dieses Sternzeichen hat praktisch schon alles gesehen, und der beste Weg, seinen Blick zu fixieren, ist, ihn auf Trab zu halten.

Nehmen Sie die notwendigen Veränderungen vor, und vergessen Sie nicht, niemals Kompromisse bei Ihren Werten und Bedürfnissen einzugehen. Wenn Sie die Zwillinge kennenlernen, haben Sie Spaß daran, Ihre eigene Vielseitigkeit zu entdecken. Die Verführungstechnik, die bei den Zwillingen funktioniert, ist das Reden. Da sie das facettenreichste Sternzeichen sind, werden sie dir gerne von ihren Hobbys und Interessen erzählen.

Weil es so neugierig ist, ist ein Gespräch mit diesem Zeichen wie ein Blick in einen Spiegel, denn es hat die wunderbare Fähigkeit, alles zu reflektieren, was man ihm sagt. Das mag seltsam klingen, aber es ist wirklich die Natur dieses Zeichens. Eine Beziehung mit einem Zwilling ist eine aufregende Erfahrung, aber man muss vorsichtig sein, denn Zwillinge brauchen ständige Stimulation, was es manchmal schwierig macht, sie auf einer tiefen emotionalen Ebene kennen zu lernen. Nehmen Sie sich Zeit, um mit Ihrem Zwillingspartner ohne Ablenkung zu plaudern, und scheuen Sie sich nicht, ihn oder sie daran zu erinnern, dass angenehme Empfänge nie verschwendete Zeit sind.

Zwillinge lieben Sex, für sie ist er eine weitere Form der Kommunikation. Zwillinge haben einen starken sexuellen Appetit, und um ihn anzutörnen, braucht es nur ein paar aufschlussreiche Kommentare. Wenn es um Schmutziges Gerede geht, haben die Zwillinge eine Enzyklopädie geschrieben. Sie können ihn also anmachen, indem Sie ihm genau erklären, was Sie im Bett gerne tun. Auf diese Weise wird er fühlen und zu analysieren, zur gleichen Zeit, eine Kombination, die er orgastisch ist.

Eine der Besonderheiten der Zwillinge ist die Schnelligkeit, mit der sie sich von den verheerendsten Fehlern erholen können. Im Gegensatz zu anderen Zeichen wird er nicht von seinem Ego beherrscht. Er mag es, Spaß zu haben, also lässt er sein Ego nicht in die Quere kommen, und wenn er einen Fehler macht, wird er nie defensiv.

Wenn Zwillinge sich entschuldigen müssen, werden sie dies sofort tun. Obwohl diese Eigenschaft sehr respektiert wird, ist sie nicht völlig großzügig. Zwillinge erwarten, dass Sie ihre Entschuldigung mit der gleichen Eile zu akzeptieren.

Der Zwilling ist am glücklichsten, wenn er beschäftigt ist. Sobald sein Zeitplan zu entspannt wird, findet er einen Weg, die Dinge zu verändern. Es ist nicht so, dass er Angst davor hätte, er mag es nur nicht, sich zu langweilen.

All das kann für Zwillingspaare eine Herausforderung sein. Stabile Beziehungen erfordern viel Pflege, und Zwillinge können das nicht so leicht bieten. Wenn Sie also in einer Partnerschaft sind, müssen Sie sicherstellen, dass Sie Ihren Beziehungen Priorität einräumen.

Da dieses Luftzeichen bereit ist, alles mindestens einmal, manchmal aber auch zweimal auszuprobieren, genießen sie es, in ihren romantischen Beziehungen verschiedene Aspekte ihrer Persönlichkeit zu erkunden.

Auch wenn er es nicht projiziert, sucht der Zwilling nach einem gelassenen Partner, um seinen intimen oder familiären Raum auszugleichen, denn für Veränderungen hat er schon genug eigene. Dieses Luftzeichen ist ständig auf der Suche nach jemandem,

*mit dem es eine gute Beziehung pflegen kann, und aus
diesem Grund ist es immer wandernd.*

Zwillinge und Widder *sind eine starke Beziehung mit
allen Arten von Dynamik, einschließlich Freundschaft
und Romantik. Sowohl Widder als auch Zwillinge
genießen ihre Fehler und schätzen den Schwung des
jeweils anderen. Mit ihren Witzen, Codewörtern und
ihrem Spaß bringen Zwillinge und Widder das Beste
ineinander hervor.*
*Die Gefahr ist jedoch, dass weder Zwillinge noch
Widder besonders gut darin sind, Feierabend zu
machen.*
*Bei dieser Paarung ist es wichtig, dass einer von beide
Verantwortungen übernimmt. Andernfalls kann es für
die Liebenden schwierig sein, eine gesunde und
emotional gesunde Beziehung zu führen.*

Zwillinge und Stier *sind keine bequeme Beziehung,
aber wenn beide engagiert sind, können sie eine
dauerhafte Beziehung erreichen. Der Stier mit seinem
starken Charakter hat nie Angst, Grenzen zu setzen.
Der Zwilling hat eine völlig andere Sichtweise auf die
Welt und versteht daher nicht das eifrige
Sicherheitsbedürfnis des Stiers. Wenn sie jedoch
zwischen Beständigkeit und Vergänglichkeit
verhandeln können, können sie sich gegenseitig
unschätzbare Lektionen erteilen.*

*Wenn Stier und Zwilling bereit sind, wesentliche
Veränderungen vorzunehmen, um die Bedürfnisse des*

anderen auszugleichen, hat diese Beziehung das Potential, herausfordernd und unterhaltsam zu sein.

***Zwillinge,** das ist wie eine Party mitten am Tag. Sie verstehen einander sehr gut und werden nicht müde. Das Problem mit diesem Paar ist, dass es ihnen an Perspektive fehlen kann.*
Damit ein Zwilling²-Beziehung langfristig erfolgreich sein kann, müssen beide lernen, zuzuhören. Sie werden beide viele innovative Ideen haben, aber wenn nicht einer von Ihnen bereit ist, Stabilität zu bieten, laufen Sie Gefahr, die Kontrolle zu verlieren und die Beziehung zu zerstören.

***Zwillinge und Krebs** können eine schöne Beziehung aufbauen, wenn sie es wollen. Der Krebs hat eine sehr charakteristische Einstellung zum Leben, weil er sehr sensibel und intuitiv ist und viel Liebe und Bestätigung braucht, um sich sicher zu fühlen.*
Auf den ersten Blick mag es so aussehen, als könnte der zerebrale Zwilling niemals eine solche Konfiguration anbieten, aber Zwillinge sind flexibel. Wenn der Krebs es versteht, seine Bedürfnisse direkt mitzuteilen, werden die Zwillinge alles tun, um Ihre Anforderungen zu erfüllen.

Die tiefen Gefühle und die Sensibilität des Krebses werden durch die Distanziertheit der Zwillinge herausgefordert. Wenn Zwillinge jedoch die Maske ablegen, kann dies ein Partner sein, der es wert ist, gehalten zu werden.

Obwohl diese Beziehung einige Anstrengungen und Investitionen erfordert, können diese Zeichen eine mitfühlende und lustige Verbindung aufbauen.

***Zwillinge und Löwe** sind der Geist jeder Party, zusammen bilden sie ein effektives und aktives Paar, das auffällt und dem man zuhört. Der Löwe wird verführt, wenn er im Mittelpunkt des Geschehens steht, und nichts verführt den Zwilling mehr, als eine Feier zu finden.*

Die beiden sozialen Botschafter sind bei ihren Begegnungen glücklich, aber in vielen Punkten uneins. Leo liebt es, in der Öffentlichkeit zu glänzen, aber letztendlich sucht er eine ehrliche Beziehung.

Zwillinge hingegen sind nicht daran interessiert, jemanden zu beeindrucken. Vielmehr geht es den Zwillingen darum, ihre leidenschaftliche Neugier zu stillen. Wenn der Löwe Vertrauen aufbauen will, will der Zwilling Spaß haben.

Infolgedessen könnte der Löwe den Zwilling als unsensibel empfinden, während der Zwilling von den Bedürfnissen des Leos frustriert sein könnte.
Durch Kommunikation können sie jedoch lernen, eine Beziehung zu führen, die auf der Suche ist und Spaß macht.

Zwillinge und Jungfrau, die von Merkur, dem Planeten der Kommunikation, beherrscht werden, teilen ein erhabenes Verständnis und eine hohe Wertschätzung für den Ausdruck. Trotz dieses Einflusses haben diese beiden Zeichen jedoch eine sehr unterschiedliche Art, Informationen zu vermitteln. Zwillinge sind sehr ausweichend, während Jungfrau sehr zugänglich ist.

Die Zwillinge sind einfühlsam und denken schnell, während die Jungfrau als scharfsinnige Analytikerin und Verarbeitern Ideen erst dann bevorzugt, wenn sie sie richtig geordnet haben. Infolgedessen erfordert eine Beziehung zwischen diesen beiden Zeichen, dass sie hart arbeiten, um sicherzustellen, dass sie sich austauschen und einander gleichermaßen zuhören.

Andernfalls ist es wahrscheinlich, dass der Zwilling das Gespräch an sich reißt, während die Jungfrau eine schweigende Wut auf ihren exorbitant geschwätzigen Kameraden aufstaut.

Zwillinge sind gesellig und können Jungfrauen eifersüchtig machen, aber wenn beide Zeichen ihre Wachsamkeit ablegen und sich entscheiden, Spaß zu haben, hat diese Beziehung Potenzial.

Wenn **Zwillinge und Waage** zusammen sind, gibt es eine sofortige Verbindung zwischen ihnen. Die beiden stehen in perfektem Gleichgewicht zueinander. Die beiden teilen lustige Gespräche, charmante Geschichten und viele fabelhafte Festivitäten. Allerdings kann es zu Spannungen kommen, wenn sich die Waage mit all ihrem Glamour von den Neckereien der Zwillinge im Stich gelassen fühlt.

Die Wahrheit ist, dass die Zwillinge mit jedem über alles und jedes reden, während die Waage eher wählerisch ist, wenn es darum geht, ein Gespräch zu beginnen, was die Zwillinge vielleicht ein wenig anmaßend finden. Allerdings, wenn jedes Zeichen kann durch den anderen Ansatz zu halten, kann das Paar eine lange Zeit dauern.

Zwillinge und Skorpion sind leicht unausgeglichen. Der Zwilling ist zu sehr mit den vielen Emotionen des Lebens beschäftigt, um sich in ein bestimmtes Drama zu verstricken, während der Skorpion es nie wagen würde, seine Deckung fallen zu lassen, wenn er nicht wüsste, dass es eine Realität ist.

Interessanterweise fühlen sich Zwillinge und Skorpion auf eine starke und verführerische Weise voneinander angezogen. Der Zwilling ist von der Spiritualität des Skorpions fasziniert, und der Skorpion ist damit beschäftigt, die Zuneigung des Zwillings zu gewinnen.

Am Anfang wird die Beziehung durch das Verlangen stimuliert, aber sobald das Paar zusammen ist, müssen sie sich einigen großen Schwierigkeiten *stellen. Der einfallsreiche Zwilling braucht Freiheit, während der starke Skorpion unerschütterliche Loyalität verlangt.*

Und während des Zwillings flexibel ist, klammert sich der Skorpion an seine Gefühle, daher ist es wichtig, dass Sie beide üben, die Modalitäten des anderen zu lesen. Dieses Paar ist nicht einfach, aber sie haben eine außergewöhnliche Chemie, vor allem sexuell, und das kann diese Beziehung die ganze Arbeit wert machen.

Zwillinge und Schützen *sind kompatibel, ja, dieses Paar ist eines der dynamischsten im ganzen Tierkreis. Diese Zeichen sind von Natur aus Wanderer, und wenn sie zusammenkommen, bilden sie ein unglaublich ursprüngliches, erholungsliebendes Power-Paar.*

Sie haben eine ähnliche Einstellung zum Leben und gehen mit der gleichen Begeisterung und dem gleichen Optimismus an die Welt heran. Zwillinge und Schützen sind natürliche Geschichtenerzähler, und die geistige Stimulation zwischen diesen beiden Zeichen bewirkt, dass die Neuronen mit hoher Geschwindigkeit projizieren.

Im Grunde ist dies eine Beziehung, die nicht viel Arbeit erfordert, aber Sie sollten Ihre Beziehung nicht als selbstverständlich ansehen. Jede Beziehung erfordert Vertrauen und Engagement, daher sollten

Sie beide darauf achten, dass Sie sich nicht zu viele Freiheiten herausnehmen.

Umständlich kann das Ego des Schützen Probleme verursachen, aber der Zwilling mit seinen Fähigkeiten der Suggestion wird wissen, wie man die Umstände kanalisieren kann. Offensichtlich hat der Schütze eine Menge zu prahlen, aber er sollte bescheidener sein.

***Zwillinge und Steinbock**, das ist eine Beziehung, die viel Hingabe erfordert. Steinbock starrt Zwillinge an. Das am härtesten arbeitende Tierkreiszeichen versteht nicht, wie jemand, der so unberechenbar ist, so viel Erfolg haben kann. Während der Steinbock sich bei der Arbeit verausgabt, zeigt der Zwilling wie ein Zauberer, auf welch vielfältige Weise er Erfolg hat, und lässt den Steinbock staunend und völlig hingerissen zurück.*

Durch Kommunikation können die beiden allmählich lernen, einander besser zu verstehen. Um eine gesunde Beziehung aufzubauen, muss der Steinbock dem Zwilling erlauben, seine Meinung häufig zu ändern.

Die Zwillinge müssen dem Steinbock ihre Gedankengänge mitteilen, damit ihr erdverbundener Partner die Gründe für ihren unverhältnismäßigen Sinneswandel nachvollziehen kann. Letzten Endes

*kann die Dynamik dieser Beziehung funktionieren,
aber es wird Weihen auf beiden Seiten erfordern.*

Zwillinge und Wassermänner *sind gleichgesinnt. Der
Wassermann ist von dem einfühlsamen Zwilling sehr
fasziniert, und der Zwilling wiederum ist von der
unveränderlichen Haltung und der zutiefst
menschlichen Leidenschaft des Wassermanns
verzaubert.*

*Zwillinge und Wassermann verstehen sich reiflich und
verstehen es, die Fantasie des jeweils anderen mit
großartigen Dialogen zu schärfen. Allerdings ist der
Wassermann für seine rebellischen Ideen bekannt, die
zwar wunderbar sind, aber den Zwilling verärgern
können, der die Vertrautheit der Rebellion vorzieht.
Trotz einer kleinen Lücke im Unterricht fällt es diesen
beiden jedoch leicht, zu lernen, zusammen zu sein.
Diese Beziehung kann sich mit der Zeit zu einer
formellen und dauerhaften Romanze entwickeln.*

Zwillinge und Fische *haben eine komplexe
Beziehung. Da die Zwillinge von Zwillingen
verkörpert werden, trägt dieses Luftzeichen seine
Dualität im Gesicht. Die vielfältigen Profile der
Fische wiederum sind mit bloßem Auge weniger
sichtbar.*

Das Zeichen Fische stellt zwei vereinte Fische dar, die sich in entgegengesetzte Richtungen bewegen, was ihre Beziehung zu den feinstofflichen und irdischen Bereichen symbolisiert.
Da beide zwei Gesichter haben, verstehen sie das Bedürfnis des anderen nach Freiheit und Forschung. Allerdings sind weder Zwillinge noch Fische gut darin, Grenzen zu setzen, so dass dieses Paar hart kämpfen muss, um eine Dynamik zu schaffen.

Fische sind sensibel und könnten misstrauisch gegenüber den Absichten sein, die sich hinter den raffinierten Spitzfindigkeiten der Zwillinge verbergen. In der Zwischenzeit denken die Zwillinge wahrscheinlich, dass die Fische übermäßig dramatisch sind. Um zu funktionieren, muss dieses Paar ehrlich und ohne Spielchen kommunizieren.

Ritual zur Steigerung der Kundenzahl

 Sie benötigen:

- 5 Weinrautenblätter

- 5 Eisenkrautblätter

- 5 Rosmarinblätter

- 5 Körner grobes Meersalz

- 5 Kaffeebohnen

- 5 Weizenkörner

- 1 Magnetstein

- 1 weiße Stofftasche

- Roter Faden

- Rote Tinte

- 1 Visitenkarte

- 1 Topf mit einer großen Grünpflanze

- 4 Citrin-Quarz

Legen Sie alle Materialien in die weiße Tüte, außer dem Magneten, der Karte und den Zitrinen. Nähen Sie die Tüte mit rotem Faden zu und schreiben Sie dann den Namen des Unternehmens mit roter Tinte auf die Außenseite. Lassen Sie die Tüte eine Woche lang unter der Theke oder in einer Schublade Ihres

Schreibtischs liegen. Nach dieser Zeit vergräbst du sie im Boden des Blumentopfs neben dem Magnetstein und der Visitenkarte. Zum Schluss legen Sie die vier Zitrinen in Richtung der vier Himmelsrichtungen auf die Erde des Topfes.

Ritual zur Beschleunigung des Verkaufs.

Dies ist ein wirksames Rezept für den Schutz des Geldes, die Vermehrung des Umsatzes in Ihrem Unternehmen und die energetische Heilung des Ortes.

Sie benötigen:

-1 grüne Kerze

-1 Münze

- Meersalz

-1 Prise scharfer Pfeffer

Sie müssen dieses Ritual an einem Donnerstag oder Sonntag zur Zeit des Planeten Jupiter oder der Sonne durchführen. Es sollten sich keine anderen Personen in den Geschäftsräumen aufhalten.

Zünde die Kerze an und platziere um sie herum in Form eines Dreiecks die Münze, eine Handvoll Salz und die Prise scharfen Pfeffer. Es ist wichtig, dass Sie den Pfeffer auf der rechten Seite und die Handvoll

Salz auf der linken Seite platzieren. Die Münze sollte sich an der Spitze der Pyramide befinden.

Bleiben Sie ein paar Minuten vor der Kerze stehen und visualisieren Sie alles, was Sie sich an Wohlstand wünschen. Die Überreste kannst du wegwerfen, die Münze bewahrst du an deinem Arbeitsplatz als Schutz auf.

Ritual zum Anziehen von Geld bei Vollmond.
Sie benötigen:

- *1 Silbermünze*

- *1 goldene Kerze*

- *1 weiße Quarzspitze*

- *Meersalz*

- *Kelch mit Weihwasser*

- *1 Zimt-Weihrauch*

- *1 Metalltablett*

Auf einem kleinen runden Tisch platzieren Sie eine Zutat aus jedem Element. Das Tablett mit dem Meersalz steht für die Erde, eine Kerze als Symbol für das Feuer, der Becher mit dem heiligen Wasser für das Wasser und der Weihrauch für die Luft.

Heben Sie jedes Symbol in den Himmel und zeigen Sie dabei auf die Himmelsrichtung, die es repräsentiert. Sobald dies geschehen ist, zünden Sie die Kerze an.

Lege die Münze und die Quarzspitze in die Tasse mit Wasser, zünde den Weihrauch an und führe die Tasse mit der Münze über die Kerze und wiederhole dabei: "Schöner Mond, bring mir Wohlstand, fülle meine Hände mit Geld".
Wiederholen Sie dies fünfmal.

Wenn die Kerze verbraucht ist, wirf das Wasser weg und bewahre die Münze und den Quarz an einem geheimen Ort auf, wo niemand sie berühren kann.

Wohlstandsmaterial

Sie benötigen:

- 7 gebräuchliche, aber wertvolle Münzen

- 7 Lorbeerblätter

- 1 Tiefbrunnen

- Grobes Meersalz

Lorbeerblätter in Wasser kochen, bis das Wasser dunkelgrün wird.

Vom Herd nehmen und warten, bis es ausreichend abgekühlt ist.

Dann füllt man die Schale mit Meersalz, wäscht die Münzen in dem Lorbeerextrakt Wasser und vergräbt sie im Meersalz.

Die gekochten Lorbeerblätter herausnehmen und in die Schüssel geben.

Während dieses Prozesses sollten Sie um die Vermehrung Ihres Wohlstandes bitten, ihn visualisieren.

Bewahren Sie die Schüssel mit den Münzen, dem Salz und den Lorbeerblättern an einem unzugänglichen Ort auf.

Materialreichtum das ganze Jahr über.

Sie benötigen:

- 1 Tasse voll geweihtes Wasser

- 1 Weintraube

- 1 Banknote mit niedrigem Nennwert, die derzeit verwendet wird

- Brauner Zucker

- 1 weißes Taschentuch

Legen Sie die Traube und den Geldschein in den mit heiligem Wasser gefüllten Becher. Lassen Sie ihn im Licht des Vollmonds stehen, wenn möglich unter freiem Himmel.

In den nächsten drei Nächten nach Mitternacht einen Teelöffel braunen Zucker hinzufügen.

Am vierten Tag trocknen Sie den Geldschein in der Sonne und wickeln ihn nach dem Trocknen in das weiße Taschentuch. Bewahre den Geldschein in einer unbenutzten Brieftasche oder Geldbörse auf und vergrabe die Traube in einem Glas mit Erde.

Um den Erfolg dieses Rituals zu garantieren, sollte es fünfmal im Jahr wiederholt werden. Die verwendeten Scheine sollten in demselben Taschentuch aufbewahrt und die Trauben vergraben werden.

Ritual für Glück im Glücksspiel.

Auf einem Lotterieschein schreiben Sie den Geldbetrag, den Sie gewinnen möchten, auf die Vorderseite des Scheins und auf die Rückseite Ihren Namen. Verbrenne den Schein mit einer grünen Kerze. Sammle die Asche in einem lila Papier und vergrabe sie.

Machen Sie Ihren Stein, um Geld zu verdienen

Sie benötigen:

- Erde

- Heiliges Wasser

- 7 Münzen eines beliebigen Nennwerts

- 7 Pyrit-Steine.

- 1 grüne Kerze

- 1 Teelöffel Zimt

- 1 Teelöffel Meersalz

- 1 Teelöffel brauner Zucker

- 1 Teelöffel Reis

Sie müssen dieses Ritual bei Vollmond durchführen, also im Freien.

Gieße das Wasser mit der Erde in ein Gefäß, so dass es eine dicke Masse wird. Füge der Mischung die Teelöffel Salz, Zucker, Reis und Zimt hinzu und platziere an verschiedenen Stellen in der Mitte des Teigs die 7 Münzen und die 7 Pyriten.

Mischen Sie diese Mischung gleichmäßig und streichen Sie sie mit einem Löffel glatt.

Lassen Sie den Behälter die ganze Nacht im Licht des Vollmonds und einen Teil des nächsten Tages in der Sonne trocknen.

*Sobald er getrocknet ist, nimm ihn mit in dein Haus
und stelle die angezündete grüne Kerze darauf.
Reinigen Sie den Stein nicht von den Wachsresten.
Stellen Sie ihn in Ihrer Küche auf, möglichst nahe an
einem Fenster.*

Geld verdienen mit dem Lunar Cup.

Sie benötigen:

- 1 Kristallglas

- 1 großer Teller

- Feiner Sand

- Gold-Glitzer

- 4 Tassen Meersalz

- 1 Malachit-Quarz

- 1 Tasse Meer-, Fluss- oder Weihwasser

- Zimtstangen oder Zimtpulver

- Getrocknetes oder frisches Basilikum

- Frische oder getrocknete Petersilie

- Maiskörner

- 3 Geldscheine des aktuellen Nennwerts

Legen Sie die drei gefalteten Geldscheine, Zimtstangen, Maiskörner, Malachit, Basilikum und Petersilie in das Glas.

Mische den Glitzer mit dem Sand und gib ihn in den Becher, bis er gefüllt ist.

Legen Sie den Teller mit den vier Schalen Meersalz in das Licht des Vollmonds.

Stellen Sie die Tasse in die Mitte des Tellers, umgeben von dem Salz.

Gießen Sie die Tasse mit dem heiligen Wasser in die Schale, so dass es das Salz gut befeuchtet, lassen Sie es die ganze Nacht im Licht des Vollmonds und einen Teil des Tages stehen, bis das Wasser verdampft und das Salz wieder trocken ist.

Geben Sie vier oder fünf Salzkörner in das Glas und verwerfen Sie den Rest.

Nehmen Sie die Tasse mit in Ihre Wohnung, an einen sichtbaren Ort oder dorthin, wo Sie Ihr Geld aufbewahren.

An jedem Vollmondtag verteilst du ein wenig von dem Inhalt des Bechers in jeder Ecke deines Hauses und fegst ihn am nächsten Tag auf.

Der Zauber, Millionär zu werden.

Sie benötigen:

- 3 Schwefelkies oder Citrin Quarz

- 3 Goldmünzen

- 1 goldfarbene Kerze

- 1 rotes Säckchen

Am ersten Tag des Vollmonds stellen Sie einen Tisch in der Nähe eines Fensters auf, von dem aus Sie den Vollmond beobachten können; auf den Tisch legen Sie die Münzen und den Quarz in Form eines Dreiecks.

Zünde die Kerze an, stelle sie in die Mitte und wiederhole mit Blick auf den Mond dreimal das folgende Gebet: "Vollmond, der mein Leben erhellt, nutze die Kraft, die du hast, um mir Geld anzuziehen und diese Münzen zu vermehren".

Wenn die Kerze verbrannt ist, lege die Münzen und den Quarz mit der rechten Hand in den roten Beutel und trage ihn immer bei dir, er wird dein Talisman sein, um Geld anzuziehen, niemand sollte ihn berühren.

Ritual, um einen Job zu bekommen

Sie benötigen:

- 1 grüne Kerze

- Pfefferminzblätter

- Sandelholzöl

- 1 Esslöffel Zimtpulver

- 1 Nähnadel

Schreiben Sie mit der Nadel auf die grüne Kerze: "Ich wünsche mir eine gute Arbeit". Dann müssen Sie die Kerze mit Ihren Händen weihen, indem Sie das Sandelholzöl verreiben und Zimt darüber streuen.

Zünde die Kerze an und lege die Pfefferminzblätter darum. Wenn die Kerze ausbrennt, kannst du alles in den Müll werfen.

Ritual für Menschen, die zum ersten Mal zur Arbeit gehen.

Dieses Ritual wird mit dem Neumond oder der Mondsichel zur Zeit des Planeten Mars oder Merkur durchgeführt.

Du stellst sieben gelbe Kerzen um dein Foto herum auf. Verbrenne während dieses Rituals eine Sandelholzräucherung. Nimm etwas Petersilie und lege sie um das Foto herum.

Konzentrieren Sie sich intensiv auf das grundlegende Ziel (einen Job zu bekommen). Zünden Sie dann die gelben Kerzen gegen den Uhrzeigersinn an.

Du sprichst das folgende Gebet dreimal hintereinander: "Mein Schutzengel schenke mir den Beruf (nennen Sie den Beruf, den Sie ergreifen möchten)". Die Überreste der Kerzen und des Fotos sollten begraben werden.

Zauberspruch zur Verbesserung des finanziellen Einkommens.

Sie benötigen:

- 1 gelbes Taschentuch

- 1 goldene Kerze

- 4 Goldmünzen

- 1 weißes Porzellangefäß

- 4 Esslöffel Honig

- 1 gelbe Rose

- 1 kleines achteckiges Stück Papier

- schwarze Tinte

- 1 Metallkessel

Legen Sie den Metallkessel auf das gelbe Taschentuch, stellen Sie die goldene Kerze mit den vier Münzen in die Reihe und das Gefäß mit dem Honig hinein. Auf den Honig legst du die gelbe Rose.

Schreiben Sie mit schwarzer Tinte Ihre Bitten auf das Papier und stecken Sie es in eine Kugel. Zünden Sie die Kerze morgens und abends eine halbe Stunde lang an, während Sie die Bitte, die Sie auf den Zettel geschrieben haben, laut wiederholen.

Nach einer halben Stunde musst du alles, was im Taschentuch ist, zudecken. Nach neun Tagen nimmst du die Reste der Kerze, das Gefäß mit dem Honig und die Blume, umwickelst alles mit der Matte und verschließt es mit sieben Knoten.

Sie müssen das Paket auf dem Rücken, mit der rechten Hand und geschlossenen Augen, ins Meer oder in einen Fluss mit fließendem Wasser zur Zeit des Planeten Venus werfen.

Geldmagnet

Sie benötigen:

- 1 leeres Weinglas

- 2 grüne Kerzen

- 1 Handvoll weißer Reis

- 12 Münzen als gesetzliches Zahlungsmittel

- 1 Magnet

- Weißer Reis

Du zündest die beiden Kerzen an, die sich auf jeder Seite des Weinglases befinden sollten. Auf den Boden des Glases legen Sie den Magneten.

Dann nimmst du eine Handvoll weißen Reis und legst ihn in die Tasse. Dann legst du die zwölf Münzen in die Tasse.

Wenn die Kerzen zu Ende gebrannt sind, legen Sie die Münzen in die Wohlstandsecke Ihrer Wohnung oder Ihres Unternehmens.

Die besten Länder und Städte zum Leben

Länder: *Vereinigte Staaten, Belgien, Island, Tunesien, Armenien, Wales.*

Die Städte: Ägypten, Brabant, Flandern.
Lombardei, Tripolis, Brügge, London.

Weihrauch und ätherische Öle für Geld

Zimt Weihrauch für seine Fähigkeit, positive
Schwingungen, Frieden, Wohlstand, Schutz, Geld
und Glück anzuziehen.

Pflanzen für Geld

Jasmin. Man braucht keine gärtnerischen
Kenntnisse, um ihn anzubauen. Und er ist eine
der Pflanzen, die Geld und Wohlstand anziehen.

Lavendel: Diese Pflanze wird als Hauptelement
in Ritualen verwendet, um Geld anzuziehen und
schlechte Omen zu vertreiben.

Quarz für Geld

Karneol: Ein Quarz, der von den Ägyptern und
Römern häufig verwendet wurde, um Hindernisse

*zu überwinden. Er schützt vor materiellen
Gütern.*

Zwillinge und Berufung

Zwillinge haben eine ausgezeichnete geistige Beweglichkeit und sind sehr neugierig. Es ist ein Zeichen, das es versteht, Gelegenheiten zu nutzen, um sein Wissen zu erweitern.

Seine Kommunikationsfähigkeit und die Beherrschung mehrerer Themen erlauben es ihm, sich in den Bereichen, in denen er sich aufhält, mit Leichtigkeit zurechtzufinden.

Monotonie passt nicht zu diesem Zeichen. Sie haben ein Bedürfnis nach intellektueller Anregung und nach ständiger Erweiterung ihres Wissens in verschiedenen Interessensgebieten. Die ungeduldige Natur der Zwillinge erfordert ständige Abwechslung. Andernfalls wird ihr Geist entmutigt und zerstört.

Beste Berufe

Zwillinge sind vielseitige Menschen. Sie sind das umfänglichste, freundlichste und kommunikativste Tierkreiszeichen. Sie sind am besten für Berufe geeignet, die mit der Öffentlichkeit zu tun haben und Abwechslung bieten. Da sie sehr vielseitig sind, neigen sie zu häufigen Berufswechseln. Journalismus, Medien im Allgemeinen, Musik- oder

*Theaterschauspieler, Öffentlichkeitsarbeit,
Schriftsteller und Verkauf.*

Ferien

Urlaub ist sowohl körperlich als auch geistig gesund. Es ist erwiesen, dass ein Urlaub das Stressniveau senkt und das Immunsystem stärkt. Manchmal verursacht die Planung eines Urlaubs Stress, weil es unendlich viele Möglichkeiten gibt und die Entscheidung zu einer Schimären haften Aufgabe wird.

Mit Hilfe der Astrologie lässt sich aus dem Verständnis Ihrer Persönlichkeit der ideale Urlaubsort für Sie ableiten.

__Widder__, ein All-inclusive-Resort mit sportlichen Aktivitäten im Freien an einem warmen Ort wie Punta Cana, Cancún oder den Turks- und Caicosinseln wäre ideal. Australien ist ein aufregendes Land, das eine Fülle von Emotionen bietet, die Ihr Herz höherschlagen lassen.

__Stier__, ein Aufenthalt in einem luxuriösen Resort auf den Cayman-Inseln oder ein luxuriöser Urlaub in Dubai, in einem Hotel, das alle Annehmlichkeiten bietet, wird sehr verlockend sein. Italien ist ein perfektes Land, denn dort finden Sie alles, wovon Sie schon immer geträumt haben: Liebe, Charme, Luxus, wunderbares Essen und erstklassige Weine.

Zwillinge lieben es, sich intellektuell zu beschäftigen. Reisen mit geführten Ausflügen wie eine Safari in Afrika oder die Erforschung der Tierwelt auf den Galapagos-Inseln bieten dem Tierkreis-Kommunikator ein luxuriöses Erlebnis.

Krebs, Kurztrips, umgeben von Familie und Freunden. Disney World, die Attraktionen und das vielfältige Angebot an Speisen sind eine Möglichkeit. In Orlando, Florida, gibt es mehrere fantastische Hotels und Resorts, jedes mit einem einzigartigen und faszinierenden Thema.

Ein Aufenthalt in einem Bungalow über dem Meer in Tahiti ist für dieses Sternzeichen fantastisch. Eine andere luxuriöse Alternative, die der Löwe liebt, wäre eine private tropische Insel auf den Malediven, Fidschi oder den Jungferninseln zu mieten.

Jungfrau, Italien ist Ihre beste Wahl. Dieses Land wird Sie gut beschäftigen. Als Erdzeichen sind Sie mit der Welt um Sie herum verbunden. Orte wie La Romana in der Dominikanischen Republik, Puerto

Viejo in Costa Rica und Belo Horizonte in Brasilien werden Ihnen Leben einhauchen.

__Waage__, ziehe Städte mit Museen vor. Ein Urlaub in den Tropen ist für die Waage nicht so befriedigend wie eine Besichtigung des Louvre in Paris, des Akropolis-Museums in Athen, Griechenland, des Prado-Museums in Madrid, Spanien oder der Uffizien in Florenz, Italien.

__Skorpion__, verbringen Sie ein paar Tage an einem abgelegenen Strand mit Alkohol und Massagen. In Griechenland, Bali, St. Martin oder Hawaii finden Sie all diese Annehmlichkeiten. Der Besuch von Kulturstätten in der Nähe Ihres Luxushotels wäre eine außergewöhnliche Kombination aus Tropen- und Kultururlaub. Mykonos und Roda in Griechenland sind perfekte Reiseziele.

__Schütze__, erkunde den Jakobsweg, ein Netz sehr unterschiedlicher Wege, die alle zur Stadt Santiago de Compostela führen. Jeder Weg hat seine Geschichte, sein Erbe und seine Magie. Der Schütze ist ein Reisender, der sich nach neuen Erfahrungen sehnt. In Irland werden Sie alles finden, was Sie suchen.

Steinbock, ein zielorientiertes Zeichen. Ferien, in denen Sie neue Geschäftsbeziehungen knüpfen können. China wäre spektakulär. Steinbock hat einen Sinn für historische Werte, den andere Zeichen nicht haben. In Ländern wie Israel und Ägypten, in denen die Geschichte präsent ist, werden Sie sich zu Hause fühlen.

Der Wassermann liebt neue Ideen, unbekannte Orte und neue Beziehungen. Ein fantastisches Land, das man besuchen könnte, wäre Japan, nicht nur wegen seiner faszinierenden Geschichte und Kultur, sondern weil jede seiner Regionen etwas anderes zu bieten hat.

Fische, ein Wasserzeichen, das sich über tropische Urlaube freut. Ein Hotel direkt am Strand wäre ideal. Die Insel "La Dique" in der Republik der Seychellen, vielleicht der schönste Strand der Welt, wird ein sicherer Erfolg sein. Fische haben eine ruhige Lebenseinstellung und werden von Neptun regiert, was Sie zu einem kreativen Denker macht. Schweden ist ein Land, das er besuchen sollte, weil er dort eine Kultur vorfindet, die so innovativ ist wie er selbst.

Wer ist dein Seelenverwandter nach deinem Sternzeichen?

Wenn wir den Begriff "Seelenverwandte" hören, denken wir in der Regel an die Mitglieder eines Paares, d. h. an jemanden, mit dem man eine starke gefühlsmäßige und sexuelle Verbindung hat. Echte Seelenverwandte haben jedoch nicht immer eine solche Beziehung zueinander und sind oft nicht einmal an dem sexuellen Aspekt einer Beziehung interessiert.

Ihr Seelenverwandter kann nicht nur Ihr Partner sein, sondern auch Ihre Eltern, Freunde, Kinder, Großeltern, Ihr Chef oder Ihre Schwester.

Aus astrologischer Sicht und in Anbetracht der Tatsache, dass die Lektionen, die wir lernen müssen, bevor wir die nächste spirituelle Ebene erreichen, diejenigen sind, die die Art der affektiven Beziehungen bestimmen, die wir heute im Leben entwickeln müssen, können wir sagen, dass Krebs und Fische Seelenverwandte des Widders sind.

Mit Krebs und Fische kann der Widder sich nicht nur besser konzentrieren und Konflikte gewaltfrei lösen, sondern auch Empathie entwickeln, d. h. die Fähigkeit, sich in den anderen hineinzuversetzen und zu lernen, zu teilen.

Diese beiden Zeichen mögen keine Konflikte, und wenn sie doch entstehen, ziehen sie den Dialog jeder Episode von Brutalität vor.

Der Widder kann dem Krebs und den Fischen beibringen, nicht auf die Zustimmung anderer angewiesen zu sein, risikofreudiger zu sein und nicht zu versuchen, es allen recht zu machen, d.h. durchsetzungsfähiger zu sein.

Der sinnliche Stier, Feind des Wandels und Verwandter der Trägheit, hat als Seelenverwandte Schütze und Zwillinge, zwei Zeichen, die wissen, dass das Leben eine faszinierende Reise ist, aber keine statische Reise.

Sie können dem Stier beibringen, dass er nicht aus Angst vor Ungewissheit dortbleiben muss, wo er nicht mehr sein muss, und dass es immer bestimmte Situationen oder Umstände geben wird, die eintreten werden, ohne dass wir sie erwarten und ohne, dass wir die Macht haben, sie zu ändern. Der Stier hat diesen Zeichen auch viel zu lehren.

Lektionen über Willenskraft, Verpflichtungen gegenüber anderen, Engagement für das, was sie tun, und Beharrlichkeit, ohne Eile oder Langsamkeit, bis zum Ende durchzuhalten. Prinzipien zu haben und klug zu sein.

Der Löwe kann mit seinen Seelenverwandten, die der Waage und dem Wassermann angehören, eine Menge Karma ausgleichen.

Ein Löwe kann aus Eitelkeit auf einer falschen Idee oder Überzeugung beharren; Waage und Wassermann wissen, dass hinter einer egozentrischen Person ein geringes Selbstwertgefühl steht.

Die Waage lehrt den Löwen Gleichmut und Toleranz, Argumentation und Diplomatie, um eine reibungslose Kommunikation zu gewährleisten. Wassermann, das gegenüberliegende Zeichen von Löwen, ausgestattet mit einem objektiven und fairen Urteil, da sie nie von Vorurteilen beeinflusst werden, wird Löwe lehren, die Herzen der Menschen zu sehen, ihre Schulter anzubieten und mitfühlende Worte in Zeiten der Not zu geben.

Der Löwe zögert nie, wenn er Entscheidungen trifft, und wenn doch, dann manifestiert er sie nicht, etwas, das die Waage praktizieren sollte.

Treue ist ein Markenzeichen des Löwen, etwas, das der Wassermann nicht kennt, und die kleinen Löwen können ihm moralische Lektionen erteilen.

Die Jungfrau, die wegen ihrer immensen Angst vor dem Scheitern als Perfektionist bekannt ist, hat Skorpion und Steinbock als Seelenverwandte. Jungfrauen sind gerne streng in ihren Entscheidungen und haben einen Prototyp in fast jedem Aspekt ihres

Lebens. Diese Selektivität hält sie davon ab, der Bewegung des Lebens zu folgen.

Die Jungfrau wird ein ganzes Projekt buchstäblich in der Luft zerreißen, wenn sie das Gefühl hat, dass es nicht von Anfang an perfekt war, was ein Steinbock niemals tun würde, da ihr Weitblick sie erkennen lässt, dass es immer Alternativen gibt, ohne von vorne anfangen zu müssen.

Der Steinbock ist ein Zeichen, das sich seines eigenen Raumes sicher ist, er trifft keine sinnlosen Entscheidungen, wie es die Jungfrau manchmal tut.

Andererseits kann der Skorpion das Schlimmste abmildern und das Beste der Jungfrau verstärken. Skorpion und Jungfrau haben eine praktische Herangehensweise an das Leben; allerdings ist der Skorpion viel mehr ein Lebenskünstler als die Jungfrau. Der Skorpion bringt die Entschlossenheit mit, die der Jungfrau fehlt, und die Jungfrau bringt dem leidenschaftlichen Skorpion Kontrolle und Rationalität.

Die Jungfrau wird den Steinbock an seiner Seite angenehmer und spielerischer machen und ihn von der übermäßigen Ernsthaftigkeit, die er oft an den Tag legt, isolieren.

Wahnsinn und die Zeichen des Tierkreises.

Der Wahnsinn hat sich im Laufe der Geschichte als eine obskure, rätselhafte und widersprüchliche Wahrheit erwiesen. Er hat uns Angst gemacht, wir haben ihn ignoriert und sogar akzeptiert, und infolgedessen wurden die Menschen, die angeblich unter ihm gelitten haben, abgelehnt, eliminiert und geehrt.

Jedes Verhalten, das nicht mit unseren Überlegungen übereinstimmt, ist nicht unbedingt ein Akt des Wahnsinns, sondern eine andere Vorgehensweise.

Es ist ein Fehler, wenn wir, wenn wir uns von den Handlungen oder Dummheiten anderer betroffen oder verärgert fühlen, diese verbannen, denn das macht uns nicht vernünftiger, ausgeglichener oder vollkommener, sondern macht uns genauso verrückt.

Die Definition des Wahnsinns ist ebenso komplex wie die der Vernunft, aber alle Tierkreiszeichen haben ihren Grad an Wahnsinn.

Krebs: Sie sind temperamentvoll. Dies führt dazu, dass sie von außen betrachtet eine unverständliche Persönlichkeit haben. Die Popularität der Verrückten beruht auf ihrem widersprüchlichen Charakter, der die Menschen um sie herum manchmal verstört.

Skorpion: *Sie brauchen Veränderung, um glücklich zu sein, sie können verrückte Dinge tun, nur um etwas Action zu erzeugen. Für sie ist es normal, einen Ausbruch zu haben, denn sie sind süchtig nach Veränderung und Aufregung.*

Fische: *Es ist für sie unmöglich, dich nicht mit ihrem Wahnsinn anzustecken. Ihre Instabilität und ihr Ungleichgewicht stören die Menschen um sie herum. Sie sehen alles rosig, was dazu führt, dass sie als verrückt bezeichnet werden, weil sie immer auf einer Wolke schweben.*

Zwillinge: *Er ist berühmt für seine Dualität. Sie sind manchmal in Konflikt mit sich selbst. Sie lieben Herausforderungen, die Gefahren mit sich bringen. Sie lieben es, improvisierte Abenteuer zu planen und sind immer bereit, die Grenzen des maximalen Wahnsinns zu überschreiten.*

Löwe: *Wenn sich das Feuer in ihrem Kopf festsetzt, denken sie, dass alles, was ihr Leben umgibt, dringender ist als alles andere. Sie sind extravagant und haben Einstellungen, die für andere als verrückt* *gelten. Sie können Dinge tun, die ein vernünftiger Mensch niemals tun würde.*

Widder: *Sie verärgern sich selbst und alle um sie herum. Sie sind stur und wollen in allem der Erste sein, auch wenn sie dafür verrückte Dinge tun müssen. Sie wissen nicht, wie man es zurückzunehmen, etwas, das sie zu irrationalen Handlungen führt.*

Wassermann: *Ein rebellisches und freies Zeichen, das sich nicht im Geringsten um die Meinung kümmert, die man von ihm hat. Es handelt in einer kapriziösen Art und Weise, mit verrückten Haltungen, die die Paradigmen brechen.*

Schütze: *Er ist lustig, aber gewalttätig mit seinem Wunsch nach Aktion. Sie wissen nicht, wie man die Folgen ihres Handelns zu messen, etwas, das viele als Wahnsinn. Es ist nicht verwunderlich, sie völlig ungezügelt zu sehen, die Überquerung des Terrains der Verantwortungslosigkeit.*

Waage: *Sie sehnen sich nach Glück und Harmonie, und um das zu erreichen, sind sie bereit, alles Verrückte zu tun. Sie sind instabil, und das führt sie zu brechen ihre Verpflichtungen, etwas, das viele als verrückt.*

Jungfrau: *Sie gehen bis zum Äußersten und werden obsessiv. Sie haben eine Vision von dem, was sie wollen, in Stein gemeißelt, niemand kann ihnen Ratschläge geben, sie lassen sich nicht leiten. Wenn sie nicht zuhören, begehen sie verschiedene Dummheiten.*

Stier: *Wenn ihnen eine Idee in den Sinn kommt, gibt es niemanden, der sie vertreibt, und sie begehen sogar verrückte Dinge, um ihre Hypothese zu untermauern. Versuchen Sie, ihre Geduld auf die Probe zu stellen, und Sie werden feststellen, wie weit ihr Wahnsinn geht.*

Steinbock: *Er vergisst absolut nichts, nicht verzeihen und noch viel weniger, vergisst, wenn Sie etwas falsch machen, keine Sorge, weil er Sie ein Leben lang daran erinnern, um Sie völlig verrückt zu machen. Steinbock ist wahnsinnig obsessiv über die Kontrolle.*

Die Psychologie hinter der Lotterie.

Lotteriespiele sind in der ganzen Welt sehr beliebt.

Wir alle haben den unmöglichen Traum, im Lotto zu gewinnen, denn die Illusion, durch einen Glücksfall Millionär zu werden, auch wenn die Chancen minimal sind, ist der Hauptgrund, warum Menschen spielen.

Die Spieler nehmen wahr, dass die Kosten für das Lotterielos im Verhältnis zu den Gewinnen, die sie im Falle eines Gewinns erzielen würden, verschwindend gering sind. Wir nehmen Risiken immer emotional wahr, und wenn sie uns Freude bereiten, neigen wir dazu, das Risiko als unbedeutend zu betrachten und das Gefühl der Gefahr zu neutralisieren, indem wir uns nur auf die Vorteile konzentrieren.

Die Spieler sehen in der Lotterie eine einmalige Gelegenheit, mit geringem Geldeinsatz und geringem Risiko einen Gewinn zu erzielen.

Spiele haben sowohl traditionelle als auch abergläubische Aspekte. Manche Menschen spielen immer dieselben Zahlen, weil sie ihre Lieblingszahlen sind, weil sie sie mit einem wichtigen Datum in Verbindung bringen oder weil sie sie geträumt haben.

Andere spielen zu einer bestimmten Zeit, an einem bestimmten Tag oder an einem bestimmten Ort. Wenn wir denken, dass wir die Kontrolle haben, fühlen wir *uns zuversichtlich, denn wenn wir die Zahlen selbst auswählen, anstatt nach dem Zufallsprinzip zu spielen, obwohl die Chancen, richtig zu liegen, die gleichen sind, haben wir den Eindruck, dass wir das Schicksal kontrollieren und dass die Chancen zu unseren Gunsten stehen.*

Es gibt Leute, die nur zum Spaß spielen, in diesen Fällen geht die Lotterie über die wirtschaftlichen Kosten hinaus und wird zu einem Spaß, der belebt wird, wenn sie sich ausmalen, was sie mit dem Geld, das sie erwerben würden, alles machen könnten.

Es gibt fünf psychologische Beschreibungen der einzelnen Lottospieler:

Der Abenteurer, *der von Spielen um große Geldsummen, von Spekulationen mit Zufallszahlen und mit geplanten Zahlen verzaubert ist.*

Der Konkurrent, *der darauf besteht, durch Glücksspiele zu zeigen, dass er auf Sieg wettet.*

Der Gierige, *der dem Glücksspiel keine Grenzen setzt und sich nicht scheut, beim Wetten Risiken einzugehen.*

Der Taktiker, *der niemals riskant spielt, sucht nach Taktiken, Strategien und numerischen Sets, wenn er die Zahlen spielt.*

Der abergläubische Mensch, der immer die gleichen Zahlenkombinationen spielt, verwendet Talismane, Rituale oder kauft seine Lose an einem bestimmten Datum und Ort.

Gibt es einen Trick oder eine Formel, um im Lotto zu gewinnen?

Diese Frage ist noch immer unbeantwortet. Viele spekulieren und behaupten, dass es wahrscheinlicher ist, vom Blitz getroffen zu werden, bevor man im Lotto gewinnt. Andere wiederum studieren die Chancen mit großer Ausdauer und Raffinesse.

Das Lottospiel oder jedes andere Glücksspiel, wenn es mit Bedacht betrieben wird, ist ein billiger Weg, um Illusionen und Vertrauen in die Zukunft zu kaufen. Kompliziert wird es, wenn die Person ihren Spieltrieb nicht kontrollieren kann, so dass eine Spielsucht entsteht und sie in die Spielsucht verfällt.

Ein Spielsüchtiger ist ein Mensch, dem das Glücksspiel große Schwierigkeiten bei der Arbeit und in seinen familiären Beziehungen bereitet, da Verluste ihn dazu verleiten, größere Geldbeträge zu verspielen, um das verlorene Geld zurückzugewinnen. Dies wird zu einem Teufelskreis, der nur durch eine psychotherapeutische Behandlung gelöst werden kann.

Das beste Geschenk für Tierkreiszeichen zu Weihnachten.

Geschenke sind ein universelles Mittel, um zu zeigen, dass wir uns um eine Person kümmern und sie schätzen, aber der Kauf von Geschenken kann eine Herausforderung sein, für manche sogar ein echtes Problem.

Die Planeten können Ihnen helfen, sobald Sie das Sternzeichen der Person kennen, können Sie das ideale Geschenk machen.

Feuerzeichen: Widder, Löwe und Schütze mögen Geschenke, die ihnen das Gefühl geben, wichtig zu sein, und die mit Sport, Reisen und Technik zu tun haben.

Eine professionelle Digitalkamera, das neueste iPhone-Modell, ein Flugticket mit Hotel zu einem exotischen Touristenort oder mit historischem Hintergrund, Geschäftsbücher, Sportbekleidung oder Fitnessgeräte, Lotterielose, Flaschen mit edlem Wein und exklusive Markenschuhe werden diesen Zeichen sehr gefallen.

Stier, Jungfrau und Steinbock, die dem Erdelement angehören, sind manchmal traditionell, aber das bedeutet nicht, dass sie keine Geschenke von anerkannten Marken mögen.

Ein Gemälde eines berühmten Malers, ein Gürtel oder eine Aktentasche für ihre Arbeitspapiere, eine Brieftasche mit ihren Initialen, Markenparfüms, Massagen oder Körperbehandlungen, ein Haustier, Bademäntel, kuschelige Pyjamas oder sogar Aromatherapie-Diffusoren werden sie glücklich machen.

Luftzeichen: Zwillinge, Waage und Wassermann sind nicht materialistisch, und die Funktionalität eines Geschenks ist viel wichtiger als der Preis. Ihre Fantasie ist reichlich vorhanden, und alles, was diese Fähigkeit anregt, spricht sie an.

Ein Handy, ein Computer oder ein iPad, Bücher über persönliches Wachstum, Spiritualität, Philosophie und alternative Therapien, Selbsthilfe- und Wirtschaftskurse, ein Teleskop, Karten für die Oper oder das Theater, ein Tier, das nicht eingesperrt werden muss, Quarz, ätherische Öle, Weihrauch und After-Bath-Colognas werden von diesen Zeichen sehr geschätzt.

Krebs, Skorpion und Fische, die Wasserzeichen, lieben persönliche Geschenke. Kochutensilien, ein romantisches Abendessen am Strand unter dem Mondschein, eine entspannende Massage in einem Spaß, gewagte Dessous, Hausschuhe oder ein bequemes Sofa zum Fernsehen, eine Flasche Champagner, Duftkerzen, Amulette, Astrologie Bücher, ein Satz von Tarot-Karten, Lotionen, Parfums und Beauty-Accessoires, Wein, Kekse, Konserven und alle Arten von Gourmet-Produkten sind auf der Liste der Geschenke, die diese Zeichen mit großer Freude annehmen werden.

Schenken ist ein Segen, es ist eine Geste der Großzügigkeit; Schenken ist ein symbolischer Akt, der ein Kompliment darstellt, eine Aufmerksamkeit für jemanden, den wir erfreuen wollen, und der die Zuneigung symbolisiert, die wir bekunden.

Wenn wir Geschenke machen, werden Beziehungen verbessert und gestärkt, und es entsteht Freude.

Die Tierkreiszeichen und ihre Ängste.

Die zwölf Tierkreiszeichen symbolisieren zwölf wesentliche Archetypen der menschlichen Persönlichkeit, sind aber gleichzeitig auch psychologische Prototypen, weshalb jedes der Tierkreiszeichen eine ganz spezifische und persönliche Angst hat.

Wir sollten uns daran erinnern, dass Angst ein wesentlicher menschlicher Alarm- und Abwehrmechanismus ist. Sie wird nur dann zum Problem, wenn sie übermäßig ist.

Ängste sind Unsicherheiten und manchmal projizieren wir sie mit den entgegengesetzten Handlungen, wie es der Fall des Widder-Zeichens ist; anerkannt für ihren eisernen Willen, nichts und niemand lähmt sie. Sie lieben es, alles zu kontrollieren, und ihre tief verwurzelte Angst ist es, zu versagen oder um Hilfe zu bitten, weil dies für sie ein Synonym für Schwäche ist.

Der Stier ist das sturste der Erdzeichen. Veränderungen machen ihnen Angst, und wenn ihnen das Geld ausgeht, verbringen sie ihr Leben mit Sparen, weil Armut sie ängstigt.

Zwillinge, die Kommunikatoren des Tierkreises, sind ein wenig ängstlich und unsicher, sie versuchen, Aufmerksamkeit zu erregen, weil sie fürchten, langweilig auszusehen. Legitime Kinder des Mondes, Cancers lieben ihre Sicherheitszone, weil niemand sie dort verletzen kann, sie haben Angst vor Einsamkeit und Ablehnung.

Der Löwe, der König des Tierkreises, der Anführer und der Mutige, wurde nicht geboren, um zu verlieren. Ihre größte Angst ist es, unbemerkt zu bleiben; sie ziehen es vor, schlecht gemacht zu werden, aber nicht ignoriert zu werden.

Die Meisterin der Ordnung **Jungfrau** wird manchmal zwanghaft, wenn es um ihre Gesundheit geht, sie ist also eine Hypochonderin. Ihre größte Angst ist es, krank zu werden, aber die Unordnung macht ihnen mehr Angst als alles andere.

 Außerordentlich intelligente **Waagen** sind unentschlossen, und genau darin liegt ihre größte Angst: Entscheidungen zu treffen. Eine weitere ihrer Ängste ist die Einsamkeit.

Die rätselhaften und verführerischen **Skorpione** haben ein Elefantengedächtnis, sie fürchten sich vor Verrat, und wenn du etwas tust, was ihnen nicht gefällt, werden sie es dir für immer vorenthalten. Behalte niemals ein Geheimnis vor einem Skorpion.

Der **Schütze,** der Abenteurer des Tierkreises, hat Angst, sich zu binden, denn die Anforderungen sind erschreckend. Sie sind sehr lustig, aber hinter diesem Lächeln verbirgt sich die Angst, betrogen zu werden.

Steinbock sind anspruchsvoll und weichen nie von ihren Zielen ab; ihre größte Angst ist es, Fehler zu machen, vor allem auf beruflicher Ebene. Sie sind aufopferungsvoll und haben Angst, ihre Träume nicht zu verwirklichen.

Die rebellischen und utopischen **Wassermänner** fürchten, ihre Freiheit zu verlieren, denn das würde bedeuten, ihr eigenes Wesen zu verlieren. Sie haben immer viele Freundschaften, aber keine von ihnen bindet sie. Sie brauchen die Gruppe, wollen aber nicht, dass die Gruppe sie braucht.

Frieden ist ein Synonym für **Fische**, sie hassen Konfrontationen. Durch und durch mitfühlend, haben sie Angst, andere leiden zu sehen. Sie sind ein wenig *unsicher, haben Lampenfieber und Angst vor Ablehnung.*

In einigen alten Astrologie Büchern wird Saturn für die Angst in einem Geburtshoroskop verantwortlich gemacht. Ich denke, dass für die Entstehung von Angst die Allianz mehrerer Planeten mit ihren entsprechenden Energien erforderlich ist.

Das heißt, Ängste werden von mehreren Planeten repräsentiert, die durch Aspekte miteinander verbunden sind, es gibt keinen bestimmten Planeten, der zwangsläufig mit der Entwicklung irgendeiner Art von Angst verbunden ist.

Mond in Zwillinge

Der Mond fühlt sich im Zeichen Zwillinge nicht wohl. Luftzeichen können nicht mit intensiven Emotionen umgehen, und gerade Zwillinge bewegen sich so schnell, dass es für sie sehr schwierig ist, tiefe Gefühle aufrechtzuerhalten.

Der Mond in Zwillinge äußert sich gewöhnlich durch kleine Blitze, die von plötzlichen Stimmungsschwankungen begleitet werden.

Zwillinge ziehen es vor, im sozialen und mentalen Bereich zu agieren.

Der Mond in Zwillinge möchte die Freiheit haben, die Dualität zu erforschen und die ganze Bandbreite der Gefühle zu erleben, indem er sich frei zwischen den entgegengesetzten Extremen einer Situation bewegt.

Wenn Ihr Mond im Zeichen Zwillinge steht, fühlen Sie sich selbstbewusster, wenn Sie neue Ideen erforschen und sich gerne mit anderen austauschen.

Zwillinge ist ein Zeichen, das am besten an der Oberfläche funktioniert, da es nicht daran interessiert ist, in die Gefühlswelt einzutauchen.

Wenn Ihr Mond in Zwillinge steht, bedeutet Ihre Komfortzone, dass Sie sich eine Reihe von Optionen offenhalten. Sie müssen das Gefühl haben, dass es Ihnen freisteht, sich Ihre eigene Meinung zu verschiedenen Situationen zu bilden. Sie werden sich immer wohler fühlen, wenn Sie sich auf abstraktere und intellektuellere Dinge konzentrieren können.

Worte und Sprache sind für Sie besonders wichtig. Alle Ihre Sicherheitsbedenken betreffen die Art und Weise, wie Sie in jeder Situation mit sich selbst kommunizieren.

Die Bedeutung des Aszendenten Zeichens

Das Sonnenzeichen hat einen großen Einfluss darauf, wer wir sind, aber der Aszendent ist das, was uns wirklich ausmacht, und das könnte sogar der Grund sein, warum Sie sich mit einigen Eigenschaften Ihres Sternzeichens nicht identifizieren.

Wenn du dein Horoskop liest, fühlst du dich manchmal identifiziert und es gibt einigen Vorhersagen einen Sinn, und das passiert, weil es dir hilft zu verstehen, wie du dich fühlen könntest und was mit dir passieren wird, aber es zeigt dir nur einen Prozentsatz dessen, was wirklich sein könnte.

Der Aszendent hingegen unterscheidet sich vom Sonnenzeichen, weil er widerspiegelt, wer wir oberflächlich gesehen sind, d.h. wie andere uns sehen oder welche Energie wir auf andere übertragen, und das ist so real, dass es sein kann, dass Sie jemanden treffen und, wenn Sie sein Zeichen vorhersagen, sein Aszendenten Zeichen und nicht sein Sonnenzeichen entdeckt haben.

Zusammenfassend lässt sich sagen, dass die Eigenschaften, die man bei einer Person sieht, wenn man sie zum ersten Mal trifft, der Aszendent ist, aber da unser Leben von der Art und Weise beeinflusst wird, wie wir mit anderen in Beziehung treten, hat der

Aszendent einen großen Einfluss auf unser tägliches Leben.

Es ist etwas kompliziert zu erklären, wie das aufsteigende Zeichen berechnet oder bestimmt wird, denn es wird nicht durch die Position eines Planeten bestimmt, sondern durch das Zeichen, das zum Zeitpunkt Ihrer Geburt am östlichen Horizont aufsteigt, im Gegensatz zu Ihrem Sonnenzeichen, das vom genauen Zeitpunkt Ihrer Geburt abhängt.

Dank der Technologie und des Universums ist es heute einfacher denn je, diese Informationen zu wissen, natürlich, wenn Sie Ihre Geburtszeit kennen, oder wenn Sie eine Vorstellung von der Zeit haben, aber es gibt nicht eine Marge von mehr als Stunden, denn es gibt viele Websites, die die Berechnung durch die Eingabe der Daten zu machen, astro.com ist einer von ihnen, aber es ist unendlich.

Auf diese Weise können Sie, wenn Sie Ihr Horoskop lesen, auch Ihren Aszendenten lesen und mehr persönliche Details erfahren. Sie werden sehen, dass sich von nun an Ihre Art, das Horoskop zu lesen, ändern wird, und Sie werden wissen, warum dieser Schütze so bescheiden und pessimistisch ist, wenn er in Wirklichkeit so übertrieben optimistisch ist, und das liegt vielleicht daran, dass er einen Steinbock-Aszendenten hat, oder weil dieser Skorpion-Kollege immer über alles redet, zweifellos hat er einen Zwillinge-Aszendenten.

Ich werde die Eigenschaften der verschiedenen Aszendenten zusammenfassen, aber auch das ist sehr allgemein, da diese Eigenschaften durch Planeten in Konjunktion mit dem Aszendenten, durch Planeten, die den Aszendenten aspektieren, und durch die Position des herrschenden Planeten des Zeichens auf dem Aszendenten verändert werden.

Ein Mensch mit einem Widder-Aszendenten und seinem herrschenden Planeten Mars in Schütze wird zum Beispiel etwas anders auf die Umwelt reagieren als ein anderer Mensch, der ebenfalls einen Widder-Aszendenten hat, dessen Mars aber im Skorpion steht.

In ähnlicher Weise wird sich eine Person mit einem Fische-Aszendenten, die Saturn in Konjunktion zu ihm hat, anders "verhalten" als jemand mit einem Fische-Aszendenten, der diesen Aspekt nicht hat.

All diese Faktoren verändern den Aszendenten, Astrologie ist sehr komplex, und Horoskope werden nicht mit Tarotkarten gelesen oder erstellt, denn Astrologie ist nicht nur eine Kunst, sondern auch eine Wissenschaft.

Es kommt häufig vor, dass diese beiden Verfahren verwechselt werden, denn obwohl es sich um zwei völlig unterschiedliche Konzepte handelt, haben sie einige Gemeinsamkeiten. Eine dieser Gemeinsamkeiten liegt in ihrem Ursprung begründet *und besteht darin, dass beide Verfahren seit der Antike bekannt sind.*

Sie ähneln sich auch in den verwendeten Symbolen, da beide mehrdeutige Symbole darstellen, die interpretiert werden müssen, was eine spezielle Lektüre und Ausbildung erforderten, um zu wissen, wie diese Symbole zu interpretieren sind.

Es gibt Tausende von Unterschieden, aber einer der wichtigsten ist, dass, während im Tarot die Symbole sind vollkommen verständlich auf den ersten Blick, wobei figurative Karten, obwohl es notwendig ist, zu wissen, wie man sie gut zu interpretieren, in der Astrologie beobachten wir ein abstraktes System, das notwendig ist, um zu wissen, vorher zu interpretieren, und natürlich muss gesagt werden, dass, obwohl wir erkennen können, die Tarot-Karten, jeder kann nicht interpretieren sie richtig.

Die Deutung ist auch ein Unterschied zwischen den beiden Disziplinen, denn während des Tarots keinen genauen Zeitbezug hat, da die Karten nur dank der im entsprechenden Legesystem gestellten Fragen zeitlich eingeordnet werden, bezieht sich die Astrologie auf eine bestimmte Stellung der Planeten in der Geschichte, und die von beiden verwendeten Deutungssysteme sind diametral entgegengesetzt.

Das Horoskop ist die Grundlage der Astrologie und der wichtigste Aspekt bei der Erstellung von

Vorhersagen. Das Horoskop muss perfekt ausgearbeitet sein, damit die Lesung erfolgreich ist und man mehr über die Person erfährt.

Um ein Geburtshoroskop zu erstellen, muss man alle Daten über die Geburt der betreffenden Person kennen.

Sie muss genau bekannt sein, von der genauen Zeit, zu der sie geliefert wurde, bis hin zu dem Ort, an dem sie durchgeführt wurde.

Die Stellung der Planeten zum Zeitpunkt der Geburt verrät dem Astrologen die Punkte, die er für die Erstellung des Geburtshoroskops benötigt.

In der Astrologie geht es nicht nur darum, die Zukunft zu kennen, sondern auch darum, die wichtigen Punkte Ihrer Existenz, sowohl in der Gegenwart als auch in der Vergangenheit, zu kennen, um bessere Entscheidungen für Ihre Zukunft zu treffen.

Die Astrologie hilft Ihnen, sich selbst besser kennenzulernen, so dass Sie die Dinge, die Sie blockieren, ändern oder Ihre Qualitäten verbessern können.

Und wenn das Horoskop die Grundlage der Astrologie ist, so ist die Tarot-Lesung von grundlegender Bedeutung für diese Disziplin. Wie derjenige, der Ihnen das astrologische Horoskop macht, wird der Seher, der Ihnen die Tarot-Lesung macht, der

Schlüssel zum Erfolg Ihrer Lesung sein, so ist es am besten für Tarot-Leser empfohlen zu fragen, und obwohl sicherlich können Sie nicht speziell auf alle Fragen, die Sie fragen sich in Ihrem Leben zu beantworten, eine korrekte Lesung der Tarot-Streuung, und die Karten, die in der Rolle kommen, wird Ihnen helfen, über die Entscheidungen, die Sie in Ihrem Leben machen.

Zusammenfassend lässt sich sagen, dass Astrologie und Tarot sich der Symbolik bedienen, aber die Hauptfrage ist, wie all diese Symbolik interpretiert wird.

Eine Person, die beide Techniken beherrscht, wird zweifellos eine große Hilfe für die Menschen sein, die sie um Rat fragen.

Viele Astrologen kombinieren beide Disziplinen, und die regelmäßige Praxis hat mich gelehrt, dass beide in der Regel sehr gut ineinander übergehen und eine bereichernde Komponente in allen Vorhersagefragen darstellen, aber sie sind nicht dasselbe, und man kann weder ein Horoskop mit Tarotkarten erstellen noch eine Tarotdeutung mit einem astrologischen Horoskop.

Aszendent in Zwillinge

Wenn Sie einen Aszendenten in Zwillingen haben, begegnen Sie dem Leben mit Neugierde auf alles, was Sie umgibt.

Sie sind sehr vielseitig und haben daher keine Schwierigkeiten, sich an jede Situation anzupassen.

Manchmal verliert man leicht den Überblick, weil man sich für zu viele Dinge auf einmal interessiert, und manchmal bekommt man keines davon richtig in den Griff.

Der Partner ist sehr wichtig für dich, wenn du den Aszendenten in Zwillinge hast, da du Angst hast, dich in deinem geistigen Ozean zu verlieren und du jemanden brauchst, der dir aus diesem Labyrinth heraushilft.

Sie versuchen immer, eine fröhliche, charismatische und gesellige Persönlichkeit zu zeigen. Sie haben eine charmante Ausstrahlung, und deshalb fällt es Ihnen leicht, Menschen für sich zu gewinnen.

Manchmal kann man absurde Einstellungen haben, weil man sich für zu viele Dinge gleichzeitig interessiert, und das kann sich in der Einstellung zu seiner Umgebung widerspiegeln.

Menschen mit einem Aszendenten in Zwillingen können eine Sache denken und ein paar Stunden später das Gegenteil, aber diese Instabilität ist Teil ihres Charmes.

Widder - Zwillinge Aszendent

Diese Menschen sind sehr ausdrucksstark, die Initiative des Widders verbindet sich mit der Neugierde der Zwillinge. Diese Menschen mögen es, ständig Ideen auszutauschen.

Auf dem Gebiet der Gefühle fällt es ihnen sehr leicht, Intimität mit ihren Partnern herzustellen, aber manchmal können sie ihren Partner destabilisieren, weil sie sehr instabil sind.

Bei der Arbeit sind sie innovative Menschen mit viel Eigeninitiative. Ihre Kreativität und Leichtigkeit, sich an alles anzupassen, sind hervorragend.

Sie können der Scharlatanerie frönen und neigen zur Oberflächlichkeit.

Stier - Zwillinge Aszendent

Stiere mit Zwillinge-Aszendent sind sensible Menschen.

In der Arbeitswelt haben sie ein Gespür für Geschäfte und Möglichkeiten, sie wissen, wie man Geheimnisse bewahrt und wann man sich austauscht.

In ihren romantischen Beziehungen sind sie angenehme Menschen, die mit schwierigen Situationen umzugehen wissen, aber sie schätzen ihren Freiraum sehr, und das ist eine Grundvoraussetzung dafür, dass ihre Beziehungen funktionieren.

Dieser Aszendent neigt zur Isolation, vor allem, wenn er eine schwierige Zeit durchmacht, wie etwa eine Trennung.

Zwillinge - Zwillinge Aszendent

Zwillinge mit Zwillinge-Aszendent ist eine Person, die die Eigenschaften dieses Zeichens verstärkt hat. Sie sind Individuen mit großer geistiger Beweglichkeit und unendlicher Neugierde.

Sie sind Meister der Kommunikation und nehmen jede Idee mit Leichtigkeit auf und gewinnen die meisten Diskussionen, an denen sie teilnehmen. Sie haben immer viele Freundschaften und Beziehungen.

Im Arbeitsbereich werden sie sich in einem Job, der mit Kommunikation zu tun hat, sehr gut schlagen. Ihre Instabilität könnte es Ihnen jedoch erschweren, Ihre Projekte zu beenden.

In Liebesbeziehungen sind sie keine ernsthaften Menschen. Sie sind verführerisch, aber sie haben nicht die Beständigkeit, etwas Formelles aufrechtzuerhalten.

Manchmal sprechen sie, ohne nachzudenken, und sagen das Erste, was ihnen in den Sinn kommt, und das verursacht viele Probleme.

Krebs - Zwillinge-Aszendent

Krebse mit Zwilling-Aszendent sind kommunikative, fantasievolle und kreative Menschen.

Sie verlieben sich leicht, sind aber auch schnell desillusioniert. Diese Art von Menschen ist charmant, aber egozentrisch und launisch.

Was die Arbeit betrifft, so sind sie sehr engagiert, verfügen über ausgeprägte geschäftliche Fähigkeiten und sind sehr überzeugend.

Löwe - Zwillinge Aszendent

Löwen mit Zwillinge-Aszendent sind gesellig. Die Vielseitigkeit der Zwillinge erlaubt es dem Löwen, flexibler zu sein. Sie lieben es, zu reisen, neue Orte, Kulturen und Gedanken kennenzulernen.

Auf der Arbeitsebene argumentieren sie sehr schnell und überzeugend und können alle ihre Ideen gekonnt präsentieren.

In ihren gefühlvollen Beziehungen sind sie Profis in der Kunst der Verführung. Sie lieben es, Aufmerksamkeit zu erregen und wahrgenommen zu werden. Sie sind nicht sehr bindungsfreudig, da sie Freiheit brauchen und mit mehreren Partnern experimentieren möchten.

Jungfrau - Zwillinge Aszendent

Diese Zeichenkombination ist normalerweise zurückhaltend und schätzt ihre Privatsphäre und Einsamkeit.

Im Arbeitsumfeld lieben sie Herausforderungen, sie sind recht unbeständig, was sich auch bei der Aufnahme einer Beziehung bemerkbar macht.

Sie neigen eher zu platonischer Liebe, d.h. zu einer Beziehung, die keine Verpflichtung beinhaltet. Um sie für sich zu gewinnen, müssen Sie an ihre intellektuelle Seite appellieren.

Diese Menschen sind übermäßig um die Stabilität ihrer Familie besorgt.

Waage - Zwillinge Aszendent

Waagen mit Aszendent Zwillinge sind sehr extrovertierte und jugendliche Menschen. Bei der Arbeit schätzen sie alles, was mit Kreativität zu tun hat.

In ihren gefühlsbetonten Beziehungen möchten sie ihr Leben mit jemandem teilen, den sie gernhaben. Sie sind sehr treu und ihre Beziehungen sind in der Regel von langer Dauer, da sie immer in Kontakt mit ihrem Partner stehen.

Manche neigen dazu, falsche Erwartungen zu wecken, wenn sie eine Beziehung beginnen, was dazu führt, dass sie viele Trennungen erleben.

Skorpion - Zwillinge Aszendent

Zwillinge-Aszendent-Skorpion ist einer der außergewöhnlichsten Köpfe. Diese Menschen können alles erreichen, was sie sich vorgenommen haben, weil sie wissen, wie und wann sie ihr Potenzial aktivieren müssen.

Am Arbeitsplatz haben sie Führungsqualitäten und zeichnen sich durch Energie und Effizienz aus. Sie sind produktiv und das treibt sie immer zum Erfolg.

In ihren gefühlsbetonten Beziehungen sind sie sehr rational, es ist sehr schwer zu entschlüsseln, was sie denken, da sie Menschen sind, die ihre Gefühle nicht gerne preisgeben.

Wenn sie sich etwas in den Kopf setzen, können sie romantisch sein, obwohl sie impulsiv und ungeduldig sind.

Manchmal sind sie manipulativ und können ihre Autorität missbrauchen.

Schütze - Aszendent Zwillinge

Schützen mit Aszendent Zwillinge sind aufgeschlossene und angenehme Menschen. Allerdings können sie eine instabile Persönlichkeit haben, wechselnden Geschmack schnell. Sie haben einen großen Sinn für Gerechtigkeit und sorgfältig jede Situation zu analysieren, um immer die meisten unparteiischen Urteil zu erreichen.

In der Arbeitswelt sind sie stets erfolgreich im Bereich der Kommunikation und sind Vermittler innerhalb ihres Unternehmens.

Sie schätzen ihren Partner sehr, aber er oder sie muss für intellektuelle Anregung und Unterhaltung sorgen, denn sie sind Menschen, die gerne reden.

Manche haben zu viele Beziehungen und schaffen es nicht, sich mit einer von ihnen ernsthaft niederzulassen.

Steinbock - Zwillinge Aszendent

Steinböcke mit Zwillinge-Aszendent sind Menschen, die eine große Auffassungsgabe und viel Verantwortung haben.

In ihrem Arbeitsumfeld zeigen sie großes Interesse an allem, was sie tun.

Sie sind in der Liebe erfolgreich, weil sie ihre Bemühungen darauf konzentrieren, die andere Person zu erobern. Sie finden es jedoch schwierig, sich zu jemandem hingezogen zu fühlen.

Einige dieser Menschen sind ironisch, was es für sie schwierig macht, eine Beziehung aufzubauen.

Wassermann - Zwillinge Aszendent

Wassermänner mit Zwillinge-Aszendent sind idealistische und philosophische Menschen. Sie sind freundlich und genießen ihre Freiheit sehr.

Im beruflichen Bereich sind sie für jede Tätigkeit aufgeschlossen und zeichnen sich durch ihre Originalität aus.

Auf der Gefühlsebene haben sie die Möglichkeit, jede Art von Beziehung einzugehen. Allerdings schätzen sie Freundschaft mehr als Liebe und können es nicht ertragen, in einer Beziehung eingesperrt zu sein.

Sie sind sehr exzentrisch und setzen sich manchmal Gefahren aus, um ihre Freiheit zu behaupten.

Fische - Zwillinge Aszendent

Fische mit Zwillinge-Aszendent suchen nach beruflicher Verwirklichung.

In der Arbeitswelt zeigen sie eine unglaubliche Fähigkeit zu allem, auch zum Synchronisieren.

In der Liebe sind sie aufgrund ihrer Instabilität schwer zu ertragen. Dies ist eine langfristige Schwierigkeit. Sie sind sehr empfänglich für Worte.

Ed und Lorraine Warren. Die paranormale Welt und die Astrologie,

Die paranormalen Ermittlungen von Ed Warren, eine Dämonologie, und Lorraine Warren, einer Hellseherin, inspirierten die kultige Horrorfilmreihe "The Conjuring", zu der auch die Filme Annabelle, The Nun und Der Fluch der Weinenden Woman gehören.

Lorraine Moran wurde am 21.01.1927 um 18:40 Uhr in Bridgeport geboren und hatte schon als Kind hellseherische Erfahrungen. Ihr Sternzeichen ist Wassermann, ein freiheitsliebendes, unabhängig denkendes Zeichen. Ihr Mond steht im Steinbock, einem verantwortungsvollen Zeichen, das versucht, die Welt auf seinen Schultern zu tragen.

Lorraine Warrens Jungfrau-Aszendent in Konjunktion zu Neptun im 12. Haus ist auffällig und lässt erkennen, dass ihr die geistige Welt vertraut ist. Das 12. Haus wird mit Orten der Gefangenschaft in Verbindung gebracht, und Lorraines Arbeit beinhaltete ihre selbstlose und spirituelle Hilfe für Familien, die in ihren Häusern von Dämonen gefangen gehalten wurden.

Der Herrscher Ihres Horoskops, Merkur, der mit der Sonne in Beziehung steht, unterstreicht Ihre

Lebensaufgabe durch Ihre Arbeit zur Befreiung der Menschen von geistiger Zerrüttung durch die Medien.

Ed Warren, geboren am 09.07.1926 in Bridgeport, war ein Marine-Veteran des Zweiten Weltkriegs und ein ehemaliger Polizeibeamter. Später wurde er eine Dämonologie und Autor. Sein Sternzeichen ist Jungfrau, psychologisch gesehen war er von Natur aus nervös und sein Mond, ebenfalls in Jungfrau, machte ihn anfällig dafür, seine emotionalen Reaktionen im Detail zu analysieren.

Neptun beherrscht sein Horoskop. Er war ein Mensch mit Fantasie und übersinnlichen Fähigkeiten. Ed war ein Mystiker, wie jede Neptunie, der sah, was nur wenige Menschen sehen können.

Bevor Hollywood ihre Geschichten in Blockbuster-Filme verwandelte, machte sich das Duo einen Namen mit der Erforschung paranormaler Erscheinungen. Beide behaupteten, sie seien qualifiziert, ungewöhnliche Phänomene zu untersuchen. Lorraine konnte seit ihrer Kindheit Auren um Menschen herum sehen, und Ed wuchs in einem Spukhaus auf und erwies sich als autodidaktischer Dämonologie.

Lorraine und Ed Warren haben ihre Talente gebündelt und viele paranormale Fälle untersucht. Zu den gruseligsten gehört der Fall der Annabelle-Puppe, die in einem verschlossenen Glaskasten im Keller des Verborgenen Museums der Warrens aufbewahrt wird.

Eine Krankenschwester erhielt die Puppe als Geschenk und bemerkte, dass sie ihre Position zu verändern begann. Sie und ihre Zimmergenossin fanden Pergamentpapier mit Botschaften darauf, die lauteten: "Hilf mir oder hilf uns". Die Puppe begann, in verschiedenen Räumen aufzutauchen und Blut zu vergießen. Sie wandten sich an ein Medium, das sagte, dass die Puppe vom Geist eines Mädchens namens Annabelle besessen sei.

Ed und Lorraine interessierten sich für den Fall, und nachdem sie die Puppe untersucht hatten, kamen sie zu dem Schluss, dass die Puppe nicht besessen war, sondern von einer unmenschlichen Präsenz manipuliert wurde. Die Warrens kamen zu dem Schluss, dass der Geist in der Puppe versuchte, von einem menschlichen Wirt Besitz zu ergreifen, da Geister keine leblosen Gegenstände besitzen.

Die Warrens hatten hochkarätige Fälle, darunter den Fall der Familie Perron, der als Inspiration für den Film The Conjuring diente.

Im Januar 1971 zog diese Familie auf eine Farm in Rhode Island. Die Familie begann seltsame Vorkommnisse zu bemerken, die sich mit der Zeit verschlimmerten. Es fing mit einem fehlenden Besen an, endete aber mit bösen Geistern. Als die Warrens engagiert wurden, behaupteten sie, das Haus werde von einem Geist namens Bathsheba heimgesucht, und interessanterweise war eine Frau, die in den 1800er

Jahren auf dem Grundstück gelebt hatte, eine Satanistin, die verdächtigt wurde, an einem Mord beteiligt gewesen zu sein.

Alle paranormalen Untersuchungen der Warrens waren und sind faszinierend, aber der Fall Amytiville hat sie berühmt gemacht.

Im November 1974 ermordete Ronald DeFeo, der älteste Sohn der Familie DeFeo, im Alter von 23 Jahren seine gesamte Familie in ihren Betten mit einem Gewehr Kaliber .35, und dieser berüchtigte Fall war der Auslöser für die Behauptung, dass in dem Haus in Amytiville Geister spuken.

1976 zog die Familie Lutz in das Haus auf Long Island ein und glaubte, ein dämonischer Geist wohne bei ihnen. Sie behaupteten, eine schleimige Flüssigkeit zu sehen, die aus den Wänden sickerte, eine schweineähnliche Kreatur, die sie bedrohte, und fliegende Messer, die direkt auf Familienmitglieder gerichtet waren. Sie waren nur 28 Tage lang in dem Haus.

Ed und Lorraine Warren besuchten das Haus 20 Tage nachdem die Lutzes es verlassen hatten und spürten eine überwältigende dämonische Präsenz. Diese Geschichte wurde so bekannt, dass sie Verschwörungstheorien, Bücher und Filme hervorbrachte, darunter den 1979 erschienenen Klassiker "The Amytiville Horror".

Die Warrens führten ihre paranormalen
Untersuchungen kostenlos durch und verdienten ihren
Lebensunterhalt durch den Verkauf von Büchern,
Filmrechten, Vorträgen und Führungen durch ihr
Museum. Ed Warren starb am 23. August 2006 an
Komplikationen nach einem Schlaganfall. Lorraine
Warren zog sich kurz darauf von ihren
Untersuchungen zurück, blieb aber bis zu ihrem Tod
im Jahr 2019 als Beraterin der New England
Paranormal Research Society tätig, einer
Gesellschaft, die immer noch existiert.

Über die Autoren

Zusätzlich zu ihren astrologischen Kenntnissen verfügt Alina Rubi über eine umfangreiche berufliche Ausbildung; sie hat Zertifizierungen in Psychologie, Hypnose, Reiki, bioenergetischer Kristallheilung, Engelsheilung, Traumdeutung und ist spirituelle Lehrerin. Rubi verfügt über Kenntnisse in Gemmologie, die sie nutzt, um Steine oder Mineralien zu programmieren und sie in kraftvolle Amulette oder Talismane des Schutzes zu verwandeln.

Rubi hat einen praktischen und ergebnisorientierten Charakter, der es ihr ermöglicht hat, eine besondere und integrative Vision von mehreren Welten zu haben, die Lösungen für spezifische Probleme ermöglicht. Alina schreibt die monatlichen Horoskope für die Website der American Asociation of Astrologers; Sie können sie unter www.astrologers.com lesen. Zurzeit schreibt sie eine wöchentliche Kolumne in der Zeitung El Nuevo Herald über spirituelle Themen, die jeden Sonntag in digitaler Form und montags in gedruckter Form erscheint. Er hat auch ein Programm und ein wöchentliches

Horoskop auf dem YouTube-Kanal dieser Zeitung. Ihr Astrologisches Jahrbuch wird jedes Jahr in der Zeitung "Diario las Américas" in der Rubrik Rubi Astrologa veröffentlicht.

Rubi hat mehrere Artikel über Astrologie für die monatliche Publikation "Today's Astrologer" geschrieben und Kurse über Astrologie, Tarot, Handlesen, Kristallheilung und Esoterik gegeben. Auf ihrem YouTube-Kanal stellt sie wöchentlich Videos zu esoterischen Themen zur Verfügung: Rubi Astrologa. Sie hatte ihre eigene Astrologie Sendung, die täglich über Flamingo T.V. ausgestrahlt wurde, wurde von mehreren Fernseh- und Radiosendungen interviewt und veröffentlicht jedes Jahr ihr "Astrologisches Jahrbuch" mit dem Horoskop nach Sternzeichen und anderen interessanten mystischen Themen.

Sie ist Autorin der Bücher "Reis und Bohnen für die Seele" Teil I, II und III, einer Zusammenstellung von esoterischen Artikeln, die in Englisch, Spanisch, Französisch, Italienisch und Portugiesisch veröffentlicht wurden. "Geld für alle Taschen", "Liebe für alle Herzen", "Gesundheit für alle Körper", Astrologisches Jahrbuch 2021, Horoskop 2022, Rituale und Zaubersprüche für den Erfolg im Jahr 2022, Zaubersprüche und Geheimnisse, Astrologie Kurse, Rituale und Zaubersprüche 2024 und Chinesisches Horoskop 2024 sind in fünf Sprachen erhältlich: Englisch, Italienisch, Französisch, Japanisch und Deutsch.

Rubi spricht perfekt Englisch und Spanisch und kombiniert alle ihre Talente und Kenntnisse in ihren Lesungen. Sie wohnt derzeit in Miami, Florida.

Weitere Informationen finden Sie auf der **Website** *www.esoterismomagia.com.*

Alina A. Rubi ist die Tochter von Alina Rubi. Sie studiert derzeit Psychologie an der Florida International University.

Seit ihrer Kindheit interessiert sie sich für alle metaphysischen und esoterischen Themen und praktiziert Astrologie und Kabbala seit ihrem vierten Lebensjahr. Sie verfügt über Kenntnisse in Tarot, Reiki und Edelsteinkunde. Sie ist nicht nur Autorin, sondern zusammen mit ihrer Schwester Angeline A. Rubi auch die Herausgeberin aller von ihr und ihrer Mutter veröffentlichten Bücher.

Für weitere Informationen kontaktieren Sie sie bitte per E-Mail: **rubiediciones29@gmail.com**

www.ingramcontent.com/pod-product-compliance
Lightning Source LLC
Chambersburg PA
CBHW081217130726
47997CB00009B/2686